Monika Meister

Dackeltagebuch
Merle und Babette

Für Romy

Bibliografische Information der Deutschen NationalbibliothekDie Deutsche Nationalbibliothek verzeichnet diese Publikation in der Deutschen Nationalbibiliografie; detaillierte bibliografische Daten sind im Internet über http://dnb.d-nb.de abrufbar.

©2008 Monika Meister
„Herstellung und Verlag: Books on Demand GmbH, Noderderstedt"
ISBN - 13: 9783837044775

Merle mit etwa 9 Monaten

Merletagebuch
02.02.2007

Hallo Romy Frauchen,
war das ein aufregender Mittwoch. Dass was im Busch ist hatte ich schon bemerkt, die große Kiste mit meinen Sachen im Auto, deine Mama dabei und die Stimmung war auch anders. Nicht so als würden wir ganz normal spazieren fahren.

Na ja auf dem Parkplatz haben wir dann den Jens getroffen, den fand ich ja gleich ganz nett und das große blaue Auto auch.

Schwuppdiwupp war ich, neugierig wie ich halt so bin, in einer Reisebox (habe ich inzwischen gelernt, dass das Ding so heißt und ist auch richtig gemütlich) und los ging die Fahrt. Da ich ja Vertrauen zu dir hatte, wusste ich, dass kann bestimmt kein Falscher sein, mit dem ich da mitfahre. Joi wir waren über 6 Stunden unterwegs, ich immer mit der Schnauze zwischen dem Gitter und am schauen und mir mit meinem Lieblingsspielzeug Otto die Zeit am vertreiben. An schlafen war ja gar nicht zu denken vor lauter Aufregung.

Aber der Jens hat ein paar Mal mit mir Pinkelpause gemacht. Aber sicher nur, weil Jens ganz dringend pinkeln musste!

Dann waren wir auf einem großen Grundstück, der Fischzucht, umringt von Wald, außerhalb einer kleinen Ortschaft. Auf der Anlage sind einige Teiche und es standen mehrere fremde Leute, ich habe ein paar mal vorsichtig Buff, Buff gemacht, aber die scheinen ganz in Ordnung zu sein. Auf jeden Fall mögen sie kleine Dackel recht gern.

Dann habe ich gründlich das neue zu Hause inspiziert. Ist ganz nett, hatten mir auch schon einige schöne Plätze hergerichtet. Danach war ich so was von hundemüde, dass ich in den nächsten Korb gestolpert bin und eigentlich schlafen wollte. Jetzt kam da noch jemand, das fand ich aber komisch, erst mal ein großes Wuff ein wenig brumm, brumm was will die denn jetzt hier???

Ah ja, die gehört anscheinend auch zum Rudel dazu und heißt Monika. Sie ist kuschelig und hat ein paar Pfund zuviel auf den Rippen, ist aber bequem auf deren Schoß zu liegen.

Frieren muss ich nicht in meinem neuen Heim, werde in der Nacht zugedeckt. Ich liege ja eh immer am liebsten unter der Decke.

Habe einen neuen Korb mit einem großen Lammfell, ui ist das schön warm.

Inzwischen ist es auch schon Freitag. Fürs Erste habe ich mich häuslich eingerichtet die Wohnung und Herzen sind erobert und es gibt noch viele Neuigkeiten zu berichten!

So das war es für heute, melde mich sicher in den nächsten Tage wieder mit einem weiteren Tagebucheintrag

Deine Merle aus ihrem neuen Heim,

den Forellenteichen

Merletagebuch
11.02.2007

Hallo Romy Frauchen,
jetzt wohne ich schon über eine Woche bei Monika und Jens an den Fischteichen und habe Alles fest im Dackelgriff. Na ja, glaube

ich einfach mal!

Stell dir vor, da sind viele Teiche mit riesigen Fischen drin, das sind bestimmt Forellenhaie oder noch viel schlimmere Gesellen. Immer wenn ich an einem Teich vorbei laufe und ganz vorsichtig an den Teichrand schleiche sehen die Biester mich auch schon und springen kurz mit einem lauten Platscher aus dem Wasser. Dann muss ich immer einen großen Satz nach hinten machen und ein lautes Wuff, schon verschwinden die Fische wieder. Ich denke, die haben ganz schön Respekt vor mir dem Tigerdackel, zumal ich auch bestimmt wieder ein Stück gewachsen bin.

In den letzten Tagen meiner heißen Phase der ersten Läufigkeit verdrehte ich mit meinem guten Duft auch schon ein paar Rüden den Kopf. Ich bin und bleib halt eine Herzensbrecherin! Habe auch schon viele Hunde in meiner neuen Umgebung kennengelernt und finde eigentlich alle ganz nett. Beim Tierarzt waren wir auch, Alle sind ganz lieb und tanzten entzückt um mich herum, wie schön ich doch wäre und wie gut erzogen. Selbst beim Chip einsetzen habe ich kaum einen Muckser gemacht, aber du kennst ja deine tapfere Merle Maus. Wegen meinem verkorksten Magen hat der Tierarzt Doc mir ein wenig Schonkost verordnet, Hühnchen mit Reis. Jetzt fresse ich aber fast wieder normal und zwar gerne und am liebsten ganz große Portionen von der mir verordneten Schonkost. Jens und Monika achten aber sehr auf meine Figur, denn ich sollt ja so ein schöner Dackel bleiben wie ich bin. Ich glaube man nennt so eine Störung wie ich hatte, einen nervösen Magen. Wenn Stress ist habe ich keinen großen Hunger, muss manchmal kötzeln und was erschwerend dazu kommt, ich war ja auch noch läufig.

Hier in unserem Ort und in der Umgebung kennt kaum jemand so was Buntes wie mich. Ob daher der Spruch kommt, bekannt wie ein bunter Hund? Wir werden ganz oft angesprochen was für ein schöner Dackel ich sei und es zaubert den Menschen ein lächeln aufs Gesicht. Meine Menschen nennen mich Merle die Herzensbrecherin!

Nach 3 Nächten im neuen Zuhause wollte ich meinen Charme spielen lassen und Monika und Jens überreden mich auch im Bett schlafen zu lassen. Das ging aber voll daneben, bei meinen Dosenöffnern! Selbst den Pausenclown spielen half nichts, ich schlief allein mit meinem Otto im Körbchen grummel, grummel!

Wo es doch so schön kuschelig wäre miteinander an der Matratze zu horchen.

Diese Woche hatte es ein wenig geschneit und ich jagte den dicken weißen Flocken hinterher und suchte Spuren im Schnee. Das machte mir riesigen Spaß! Im Moment habe ich noch keine Hundeklappe auf die Terrasse, die wird aber die nächste Zeit eingebaut. Dann kann ich raus oder rein wie ich will, wenn meine 2 bei der Arbeit sind.
Heute war duschen angesagt. Wir, Monika und ich, machten unsere erste große Runde im Wald. Mit meiner feinen Dackelnase habe ich einen ganz leckeren großen Sch.... Haufen entdeckt in dem ich mich genüsslich wälzte. Leider hatte ich vergessen die Ohren zu zuklappen und so waren meine hübschen Öhrchen schön voller lecker riechenden Aa. Was ich dann per wargeln am Boden in der ganzen Wohnung systematisch verteilte.

Da hättest du meine Dosenöffner, meine 2 Schlafmützen, hektisch rennen sehen sollen, man war das komisch! Jetzt rieche ich wieder wie eine frische Wiese, habe saubere Ohren und liege mit Jens auf dem Sessel und wir schauen Biathlon.

Nächstes Wochenende fahren wir in die Nähe von Köln, da lebt Marianne, ein

Hundetrainerin mit Hundeschule. Monika hat uns schon mal angemeldet und wir werden da ab und zu hinfahren. In der Nähe von unserem Ort wo wir leben ist auch eine große Hundeschule. Vielleicht schauen wir die Woche auch da mal vorbei.

Ansonsten üben die 2 mit mir die Befehle, die du mir schon beigebracht hast und meist klappt es auch. Wenn es nicht klappt, liegt es am Dialekt. Monika redet schon ein wenig breites Lindauerisch! Ich bin den Dialekt halt noch nicht so gewohnt, werde mich aber bemühen, grins.

Tschau Deine Merle

Merletagebuch
19.02.2007

Hallo Romy Fraule,
mir geht es gut, ich muss gleich eine längere Schlafpause machen, denn wir waren gerade 1 Stunde durch den Wald toben. Ich hoffe es geht dir besser mit deinen kranken Bronchien. Wenn ich mich richtig erinnere, fährst du die

Woche noch zur Kur nach Borkum. Das ist eine ganz schöne Insel, mit tollen Spaziergehsträndern hat Monika gesagt.

Gute Erholung auf der Insel und schnuppere ein wenig Seeluft für mich und Monika, mein Fraule ist ganz arg gern am Wasser, egal ob Süßwasser oder Meer und liebt Strandspaziergänge. Sie ist und bleibt halt eine Bodenseelerin.

Aber zuerst zur Hundeschule. Aber hallo war das ein aufregender Samstag! Erst steckten meine neuen Dosenöffner mich am Samstag in aller Frühe in meine Box im Auto und ab ging die Fahrt. Normalerweise schlafen meine Menschen am Wochenende recht gern, zumindest einer von den 2en, denn der Andere kümmerst sich ja um mich!

Also da waren wir dann in der Nähe von Köln angekommen. Die 2 brachten mich auf ein Grundstück und es waren dann auch schon ein paar Hunde da. Mir kam das schon ein wenig komisch vor und ich machte mich erst mal groß, dass die anderen Hunde ja nicht meinten sie hätten so eine kleine Dackeldame vor sich. Also den Kamm gestellt und vorsichtig rumgeschnuffelt, aber keine Gefahr erkannt.

Merle im Bauwagen

Nach der Entwarnung habe ich das Gelände genauestens unter die Lupe genommen. Auf dem Platz stand da so ein Bauwagen für die Hundeschulsachen, den habe ich zuerst inspiziert. Aus der Perspektive konnte ich das Geschehen mit den fremden Hunden gut beobachten.

Mit der Zeit waren dann auch so ca. 20 Hunde da, von ganz klein und ganz jung, bis 9 Jahre alt und auch Riesen waren dabei, ich glaube der Riese, das war ein junger Sheppard Schäferhund Mix.

Dann mussten wir üben und Parcours laufen. Durch große Röhren kriechen und am Platz sitzen bleiben bis unser Herrle uns mit HIER abrief. Ich war richtig klasse, habe die ganzen Übungen prima hingekriegt und die 2 waren mächtig Stolz auf mich und haben dich immer gelobt, weil du mir ja schon ganz viel beigebracht hast!

Es war ja auch nicht so schwer, ich habe immer geschaut, was die anderen Hunde so machten denn man kann schon viel von gut erzogenen Hunden lernen.

Wir durften dann auch 2 x zur Entspannung ein wenig mit den anderen Hunden tollen, das hat richtig Laune gemacht, so viele nette Spielkameraden! Am liebsten war mir ein kleiner ganz zotteliger Baumwollmixhund, der sah aus wie ein Plüschtier und mit dem kugelte ich über die Wiese.

Die anderen Dackel waren ein wenig klein und der nette Rüde hatte schon eine Freundin, die er immer verfolgte und zum Ausbremsen in den Po oder Schwanz biss. Gott war ich froh, dass der sich nicht in mich verschaut hatte. So einen kleinen Mann am Hintern finde ich nicht so dolle!

Auf jeden Fall war ich nach den 2 Stunden Hundeschule ganz schön müde und froh als wir wieder zu Hause waren und eine längere Ruhepause einlegten. Wir 3 lagen auf dem Sofa und schnarchten! Nächsten Samstag geht es, wenn es nicht saumäßig regnet, wieder in die Hundeschule in der Nähe von Köln.

Ich fresse übrigens wieder richtig, mein Magen hat sich ganz beruhigt und ich renne Fraule beim kochen immer zwischen den Füßen rum und bekam den Namen Hilfskoch. Allerdings passt sie leider höllisch auf, dass ja Nichts herunterfällt, wo ich doch so gerne und bestimmt geschickt was fangen würde, grmm.

Dazugelernt habe ich auch, wir haben jetzt eine Hornpfeife nur für mich, klasse. Auf den Pfiff reagiere ich egal was ich gerade mache und spurte im Sauseschritt zu Monika oder Jens. Monika hat mit mir geübt, aber so gescheit wie ich bin hatte ich das natürlich gleich gelernt.

Im Ort kenne ich jetzt fast alle netten Hunde recht gut. Morgens gehen wir jetzt früher spazieren, denn um 8.30 kommt ein Jägerhund, der Bautz immer vorbei. Der freut sich auch ganz riesig wenn er mich sieht. Wir drehen dann ein große Runde miteinander und können ganz viel durch den Wald tollen, Stöckchen suchen und über Stock und Stein toben.

Das Jägerhund Herrchen war ganz begeistert, dass ich sogar beim rumtollen auf die Pfeife höre und zu Monika renne, denn sein Hund macht das nicht wenn er abgelenkt ist! Bin ich nicht ein Super Dackel???

Wuff, Wuff und eine schönen Tag

Merle von den Fischteichen

Merle das Reifen Model

Merletagebuch
28.02.2007

Hallo Romy Frauchen,
ich hoffe dir geht es gut und du erholst dich
gut auf der Kur. Geht es deinen Bronchien
wieder besser? Jetzt lebe ich schon 4 Wochen
bei den Fischteichen und fühle mich
dackelwohl. Auch habe ich wieder viele neue
Dinge zu berichten.

Na ja, die 2 gebe es ja nicht gerne zu, aber sie
konnten meinem Charme nicht widerstehen,
oder schlafen sie etwa gerne am Wochenende
länger?. Seit letzten Samstag darf ich nach der
1. Gassi Runde und meinem Frühstück 1
Stündchen zu Frauchen unter die Decke, aber
leider nur Samstag und Sonntag. Ich roll mich
ganz fein ein und halte still, dass sie ja nicht
auf die Idee kommt mich wieder ins
Körbchen zu schicken.

Ein neues Geschirr habe ich auch. So ein
richtig bequemes, breites für das Auto. Der
Sitz hinter dem Fahrer ist jetzt mein Platz und
das finde ich ganz klasse. Allerdings muss ich
fast immer bellen, wenn ich allein im Auto
bin. Legt sich aber bestimmt noch, hoffen
zumindest Monika und Jens.

Ach ja und eine große neue Box gibt es auch, die steht im Moment noch in der Wohnung. Ist eine ganz klasse Höhle, scheint aber nicht für mich allein zu sein, hört sich zumindest so an. Die 2 reden ab und zuvon einer Dackelzucht in der Schweiz und dass Monika im April dorthin fährt und einen kleinen Spielgefährten für mich aussuchen will. Bin schon arg gespannt, was dann da ankommt im Juni.

Mit der Kleinen soll ich dann die Box im Auto teilen, hmmm! Will ich überhaupt einen Spielgefährten? Das Leben ist doch schön so, finde ich zumindest. Aber wenn ich es so recht überlege, kann es vielleicht ganz nett sein, wenn da noch ein Dackel im Haus ist mit dem ich spielen kann.

Mein jetziges Frauchen ist leider nicht so geschickt mit dem Balli werfen. Der Balli landet fast jeden 2. Tag in der Pampas, in den Fischteichen oder im Baum und Jens muss uns dann helfen, den Balli zu retten. Ich stimme dann ein richtiges Geheul an, denn meinen Balli habe ich schon gern und wenn ich ihn nicht erreiche, weil er im Baum hängt oder sonst wo bin ich schon leicht sauer und maulig.

Ich darf auch ganz viel ohne Leine laufen, nur

an der Straße muss ich mich anleinen lassen, weil es zu gefährlich ist mit den schnellen Autos.

Wir waren auch noch in einer anderen Hundeschule und zwar in der Nähe von unsrem Ort, da bin ich jetzt auch angemeldet. Da können wir Dienstag oder Freitag hin, je nachdem wie meine Menschen arbeiten und Zeit haben. Meine Leute meinen, 2 verschiedene Schulen wären gut, mir soll es recht sein, Hauptsache ich bekomme meine Leckerli. Gott sei Dank hat es bei der Anmeldung geregnet, da wollte mein Frauchen dann nicht unbedingt gleich im Kurs mitmachen. Wenn ich ehrlich bin, war es mir ganz recht!!

In letzter Zeit muss ich recht viel unter die Dusche, denn wir wohnen schlammig und es regnet unentwegt, bah wie ich es hasse. Wenn ich meinem Balli oder Stöckchen nachflitze spritzt der Schlamm nur so und mein Bauch wird saudreckig. Und dann soll ich auch noch den doofen Mantel anziehen, brrrrr.

Deine Merle

Merletagebuch
12.03.2007

Hallo Romy Fraule,
wir haben deine schöne Karte aus
Borkum bekommen. DANKE dir auch
von meinen Dosenöffnern, sie haben sich
sehr über deine Post gefreut Auf der
Wattwanderung wäre ich gerne dabei
gewesen, da hätte es bestimmt ganz viel für
mich zu schnuffeln gegeben. Jens und Monika
haben mir versprochen, an einem der
nächsten Wochenende nach Holland ans
Meer zu fahren, schnuffeln, Meerwasser
riechen und Bällchen und Stöckchen spielen
am Strand.

Letzten Dienstag war ich mit Jens in der
Hundeschule bei uns in der Nähe. Das war
prima, nur 3 Hunde und wir haben nicht am
Hundeplatz geübt sondern sind in den Ort
gefahren und haben verstecken gespielt. Jens
hat sich hinter einem Auto versteckt und ich
musste ihn suchen, fand ihn auch gleich, denn
meine Nase ist ja super! Das Platz haben wir
auch geübt und in die Augen schauen war
angesagt. Ich Scarlett und Jens Rhett! Die
Stunde ging wie im Flug vorbei, so viel Spaß
hat es gemacht. Monika hat uns dann mit dem

Auto auf dem nach Hause Weg von der Arbeit eingesammelt.

Den Rest der Woche haben die 2 dann ab und zu mit mir geübt. Manchmal denke ich, die könnten das auch sein lassen, aber muss wohl sein! Es scheint die Menschen wünschen sich folgsame Hunde, na ja wenn es dann schön macht! Denn wenn ich ehrlich bin, will ich nicht immer folgen. Dann sagen die Dosenöffner zu mir, ich hätte die Mittelkrallen Phase (das haben sie vom Hundetrainer und heißt wohl Stinkefinger). Samstag sind wir dann wieder in die Nähe von Köln gedüst, zu Mariannes Hundeschule.

Da war es wieder lustig, 7 Dackel und 3 andere Hunde. Unsere Fraule oder Herrle mussten am Platz die Leinen tauschen und wir standen dann bei Fremden und sollten auch folgen. Ich glaube, ich bettelte ein wenig arg viel nach den Leckerlis, aber sonst war ich ganz folgsam. Wen wundert es, außer mich!

Mein Fraule hat mich bis jetzt immer rechts geführt, denn sie ist Linkshänder. Dann musste sie am Platz links führen, dabei stellte sie sich ein wenig an. Aber ich glaube, sie ist ein lernfähiger Dosenöffner.
Samstag, Sonntag war große Aufregung in unserem Rudel. Es kam ein Anruf aus der

Schweizer Dackelzucht vom Försterhaus. Hundemama Mara hat ihre Jungen bekommen und meine zukünftige Kumpeline ist auf die Welt gekommen.

Ich habe auch schon ein Bild der Welpen gesehen. Sie ist eine rote Dackeldame und bekommt den Namen Babette. Die Schweizer Züchterin sucht von den 2 Roten, die Dackelin aus, die so lieb, verspielt und fröhlich ist wie ich, was ich mir kaum vorstellen kann! Denn keine ist so lieb wie ich, oder vielleicht doch? Warten wir ab, was uns im Juni so beschert wird!

Liebe Grüße Merle noch ohne Kumpelin

Merletagebuch
20.03.2007

Hallo Romy Fraule,
mir geht es klasse, die 2 sind komplett meinem Charme erlegen und wir haben viel Spaß miteinander.
Ich habe jetzt schon ganz viel Kumpels in der

Nachbarschaft, mit denen ich mich fast täglich treffe. Leider sind manche immer angeleint, das ist doof, denn da kann ich dann nicht so rumtoben mit den Kumpels wie ich gerne möchte. Das sind Hunde die nicht so gut folgen wie ich, GRINS, oder nicht in der Hundeschule waren!

Schöne ist es wenn die Maxi, der Bautz und ich uns treffen und morgens die große Runde laufen. Wir sehen dann aus wie die Bremer Stadtmusikanten. Bautz und ich, wir mögen uns sehr gern und sind am winseln, wenn unsere Dosenöffner nicht schnell genug die Leinen loslassen, dass wir toben können. Fraule findet Bautz zwar nicht besonders hübsch ist aber mit mir einig, dass er ganz arg nett ist. Die Maxi ist ein wenig verfressen und wird ganz mürrisch und auch ein wenig zänkisch, wenn Monika ihr ein Leckerli hin hält und ich auch dran kommen will, dann ziehe ich mich aber schnell zurück. Alter vor Jugend, wie schon die Wölfe sagten, oder? Na ja, wenn ich älter bin wird es bestimmt nicht mehr so leicht für Maxi.

Mit dem neuen Dackelkumpel ist es ganz spannend, Monika hat noch mehr Bilder von den Welpen bekommen und darf sich im April einen der 2 Roten Mädchen doch selbst aussuchen. Ich bin auch schon ganz neugierig auf die neue Kumpelin und freue mich darauf. Sie haben mir auch beide versprochen, dass ich dann auch noch immer die Dackelprinzessin Nummer 1 bei ihnen bleibe! Monika will die nächsten Wochen mit mir ab und zu in die Welpenstunde der Hundeschule gehen, damit sie sieht wie ich mit den jungen Hunden zurecht komme. Das wird doch bei meinem fröhlichen und lieben Charakter kein Problem geben, meine ich doch!!!! Was die Menschen sich auch immer so einen Kopf machen, wir Hunde sind da viel unkomplizierter, oder?

Die Hundeschule ist immer spannend, wir lernen ganz viel verschiedene Sachen und der Hundelehrer gibt sich viel Mühe mit uns und den Dosenöffnern. Manchmal pflanze ich meine Dosenöffner und höre zu Hause und sonst nicht so gut, aber in der Schule gebe ich mir alle Mühe und mache ALLES ganz richtig. Die 2 schauen mich dann an, als wäre ich vom Mars, das macht Spaß ohne Ende und der Hundelehrer lobt mich dann immer über den Schellenkönig. Da wächst aber das Selbstbewusstsein! Ich bin und bleibe halt ein kleines liebenswertes Schlitzohr. Mein Fraule sagt immer zu mir kleiner Grott, was heißen soll, kleines süßes Wesen.

Neulich beim Morgenspaziergang sind Maxi

und Bautz doch glatt im Bach baden gegangen. Das habe ich mir aber vorsichtig und kritisch mit viel Sicherheitsabstand angeschaut. Ich bin mir noch nicht sicher, ob mir das gefällt, kaltes Wasser und dann ein klitschnasses Fell, brrrr? Die 2 fanden das ganz toll und tobten wie die Wilden herum, ich habe amüsiert zugeschaut. Wenn die so im Spaß keifen und Luftbeissen, das habe ich dann doch nicht so gern. Maxi ist ein wenig dominant, davor habe ich jetzt noch Respekt. Verlockend ist das Wasserspiel schon, vielleicht traue ich mich doch mal mitspielen.

Mit dem bellen, wenn Monika aus dem Haus geht wird es auch schon besser, bei Jens belle ich schon gar nicht mehr, wenn er wieder in die Fischzucht geht. Habe mich also richtig gut eingelebt und fühle mich wohl.

Deine Merle

Pause auf der Bank

Merletagebuch
09.04.2007

Hallo Romy Fraule,
der Osterhase war da, sogar 2 x! Einmal hat er
ein Päckchen von dir geschickt, über das ich
und meine Dosenöffner sich riesig gefreut
haben.

Der bunte Ball hat es mir angetan und wird
gehörig von mir attackiert! Bin gespannt, wie
lange er lebt. Deine Bilder von Borkum
hängen jetzt beim PC an der Bilderwand und
Monika bekommt jetzt regelmäßig Fernweh,
aber das ist normal bei einem Exilbodenseeler
wenn sie Wasser sehen, habe ich mir sagen
lassen!

Und dann habe ich den Osterhasen auch noch
im Wald getroffen. Das war eine große
Freude, allerdings nur auf meiner Seite! Meine
Dosenöffner und ich sind am Samstag mal
wieder eine lange Runde gelaufen und da habe
ich die Spuren von Muffelwild, einigen
Wildsauen und Hasen gerochen, jeu war das
aufregend für mich als passionierter Jäger. Ich
bin wie wild hin und her gesprungen um die
Spuren zu erriechen und war kaum mehr zu
halten. Nur jetzt kommt es, ich war an dieser
blöden Flexileine und konnte nicht

ausbüchsen, so eine Schande!! Wenn die mich nur losgelassen, hätte ich ihnen gezeigt, was ein klasse Schnüffeldackel ist, der den Hasen bestimmt gestellt hätte, dackelehrlich!

Es machte den Anschein, als wären meine 2 froh gewesen, dass ich an der Leine war, darüber muss ich wohl mal ernsthaft nachdenken. Ist es vielleicht so, dass meine Menschen gar nicht so gerne jagen wie ich Hund. Ich würde auch immer zurückkommen nach der Jagd, aber das wollen Monika und Jens einfach nicht glauben.

Letzten Dienstag waren wir, wie auch morgen wieder, in der Hundeschule. Da haben wir viele neue tolle Sachen geübt. Der Hundetrainer hatte vor dem Kurs Stege gebaut, mit Hindernissen und kleine Oxer. Alte Matratzengitter wurden zwischen Böcke gestellt und große Gummireifen in die Wiese gelegt. Dann mussten wir von unseren Menschen über die ganzen Hindernisse gelockt werden und ja nicht kneifen. Manche Hunde stellten sich da ganz schön doof an. Deine Merle war die einzige, die vollstes Vertrauen in ihr Fraule hatte und über alle Hindernisse gelaufen ist, selbst über das Matratzengitter. Monika und ich wurden ganz arg vom Hundetrainer gelobt, von wegen, Vertrauen und ganz toll miteinander arbeiten.

Hurra waren wir stolz. Auch habe ich das Hüpfen über den für Dackel klein gemachten Oxer auch auf Anhieb hin gekriegt. Monika musste nur 2x hopp sagen und schon hüpfte ich ganz brav über die Stangen.

Ostern hatten wir dann auch noch Besuch von Sabrina, die Azubine bei Monika im Labor. Die kenne ich schon und mag ich auch arg gerne. Mit der kann man ganz prima tollen und Balla spielen. Meine Ohren habe ich mir dabei auch mal wieder aufgeschrappt (es hat nicht geblutet), aber wir haben ja noch deine Salbe und die habe ich jetzt auf den Blessuren. Weiße Flecken auf den Ohren, fällt bei meinem Fell fast gar nicht auf.

Jetzt bin ich aber von Ostern und dem vielen Ballspielen Hundemüde und wünsche dir einen schönen Start in die neue Woche.

Deine Merle Merlingo

Merletagebuch
30.04.2007

Hallo Romy,
es gibt wieder Neuigkeiten.
Bevor Fraule Monika an den Bodensee
gefahren ist, war sie mit mir noch in der
Welpenspielgruppe um zu sehen wie ich mich
verhalte. Ich hab mich natürlich prima
verhalten, die Welpen zupften an mir und ich
ließ mir gutmütig wie ich bin alles gefallen.
Ein Rüde war so jeck mit seinen 12 Wochen
und wollte immer aufsitzen, der war vielleicht
lästig. Ich kickte ihn immer mit meinem
berühmen Hüftschwung auf den Boden, und
die ganzen Menschen lachten dann. Monika
hatte viel Spaß an den Welpen und hätte am
liebsten einen Border Collie und einen Bassett
mit nach Hause genommen.

Nach einer halben Stunde hatte ich aber die
Kleinen über und schlich mich an den Zaun
zu den etwas Größeren, da sind Hunde in
etwa meinem Alter und da werden wir, wenn
Monika Zeit hat auch hingehen, nur so zum
Spielen und Toben.

Dienstag hatten wir dann wieder Schule und
mussten Gehorsam üben. 2 neue Hunde sind
in der Gruppe, ein Beagle und ein weißer

Riese (den Namen habe ich vergessen). Habe mich wieder wacker geschlagen und bekam viele Leckerlis!!

Ab Mittwoch war Monika dann ein wenig wirbelig, was ich ja zuerst gar nicht verstand. Klamotten lagen in ihrem Zimmer und ich durfte nicht damit spielen, ein Koffer stand rum und den durfte ich auch nicht nur ein klein wenig annagen. Wie langweilig!

Na ja, dann bin ich halt ab und an auf den Küchen- oder Wohnzimmertisch um zu sehen ob was Leckeres darauf ist. Einmal habe ich doch glatt eine feine Semmel mit Salami erwischt (die Brotzeit von Jens) und da kam dann prompt Monika um die Ecke und ich habe einen Anpfiff vom allerfeinsten kassiert. Das war es dann mit der Semmel, die Salami hatte ich Gott sei Dank schon verdrückt! Die müssen sich doch aber nicht wundern wenn es so fein riecht auf dem Tisch.
Samstag ganz früh fuhren wir in die Stadt Köln, an den Bahnhof und haben Monika in den Zug gesetzt. Dann verstand ich endlich den Wirbel, Fraule fährt weg. Jens brachte Monika an den Bahnsteig ich musste das Auto bewachen. Jens und ich haben dann einen langen Spaziergang am Rheinufer gemacht, das war toll, viele neue und schöne Gerüche.

Dienstag haben wir Monika dann wieder in Köln abgeholt, da habe ich mich aber ganz dolle gefreut und kräftig mit dem Schwanz gewedelt.

Seit es jetzt ein wenig wärmer ist, gehen wir ganz viel am Bach spazieren und ich laufe auch schon manchmal hinter Monika her ins Bachbett.

Allerdings finde ich es gar nicht toll, wenn es tiefer wird, da schalte ich schnell den Rückwärtsgang ein und gehe aus dem Bach. Auch mit viel locken und Leckerli kriegt Monika mich dann nicht wieder rein. Bin kein Fisch, habe Ohren und keine Kiemen und will auch keiner sein.

Aber heute hat sie mich ein wenig reingelegt. In dem großen Becken bei der Fischzucht (es ist ein ehemaliges Schwimmbad) ist eine breite Treppe die in das Becken führt. Stell dir vor, da hat sie mir doch glatt meinen Balli ins Wasser gelegt und nach langem hin und her habe ich ihn dann geholt, brrrr war das kalt und ich bin sogar noch drei Züge geschwommen, dann war aber endgültig genug mit Wasser. Bin mir aber sicher, dass Monika keine Ruhe gibt, bis ich richtig schwimme. Mein Fraule ist glaube ich Sternzeichen Dackel, so stur wie sie ist.

Auf der Terrasse habe ich mich dann in den Liegestuhl gelegt, mir die Sonne auf den Bauch scheinen lassen und von Bällen im Wasser geträumt, die ich dringend retten musste. So gefällt mir das Dackelleben, so kann es weitergehen.

Liebe Grüße Merle

Merletagebuch
14.05.2007

Hallo Romy,

Monika hat es ja schon angedeutet, ich habe mein Seepferdchenschein gemacht! Über einige Wochen ist Monika immer wieder im Bach oder auf der alten Schwimmbad Treppe mit aufgekrempelten Hosen im Wasser gestanden (sie hat ganz entsetzlich gefroren, Talsperrenwasser!) und mich mit Leckerli ins Wasser gelockt. Ich wurde immer mutiger und nach und nach ging ich sogar selbst ins Wasser, allerdings am liebsten nur bis zum Bauch, bin halt doch manchmal ein Mädchen, grins! Letzte Woche hat Monika einen neuen

Ball gekauft, einen Flummi wie mich, jö der ist toll, hüpft wie jeck vor mir weg und ich springend hinterher. Dann ist der Ball doch glatt in das Schwimmbad gefallen, ich kam nicht dran und Monika holte ihn mir wieder raus. Dann warf sie ihn über Eck auf die Treppe im Wasser und ich hinterher aber nicht um die Ecke, sondern über die Ecke! Monika rief noch „Vorsicht", war aber zu spät. Ein riesiger Satz und ich machte einen Olympiade verdächtigen Köpfler. Man habe ich mich erschreckt, als unter mir keine Erde sondern Wasser war und ich abtauchte. Prustend kam ich nach oben und Monika säuselte mich in ihre Richtung und hob mich aus dem Wasser. Kannst du dir vorstellen wie ich gelobt wurde, weil ich so toll schwamm? Dann aber zitterte ich vor Aufregung und Kälte und wir sind im Sauseschritt nach Hause. Ich wurde fest gerubbelt bis ich wieder trocken war und bekam ganz viel Leckerli. Am nächsten Tag bin ich schon wieder in den Bach und habe Stöckchen gesucht. Vor Wasser habe ich jetzt keine Angst mehr. Mein Seepferdchen Abzeichen könnte ich mir ja auf das Fell kleben, meinst du das hebt?

Aber jetzt zu dir Romy, es hat dich nach Tirol verschlagen, wegen der Arbeit. Monika hat mich beruhigt und meinte es wäre eine schöne Gegend und bestimmt nette Leute dort, hat

Monika Recht? Auf jeden Fall alles Gute und bis November vergeht die Zeit bestimmt wie im Fluge, werde mich bemühen und viel schreiben, um dir das Heimweh zu vergraulen.

In der Hundeschule habe ich viele Freunde, auf die ich mich jede Woche freue. Monika hat immer Läst mit mir, wenn der Kurs zu Ende ist, denn ich will nicht weg von den anderen Hunden. Manchmal denke ich, es wird bestimmt toll, wenn die Babette da ist und sich mit mir die Zeit vertreibt.

Am Anfang und Ende des Kurse dürfen wir Hunde immer so 15 Minuten miteinander tollen. Inzwischen renne ich als die Kleinste vorne weg und die Riesen und anderen hinter mir her. Wenn ich dann stoppe, stolpert meist einer der Hunde über mich, aber ich bin hart im Nehmen. Dann wird kurz getollt, aneinander hoch gehüpft und dann haue ich wieder ab, das macht vielleicht Spaß.

Im Moment gehen mir die Haare aus, Fellwechsel ist angesagt und Monika am waschen und saugen. Anscheinend bin ich der haarigste Dackel denn sie kennt. Heute hat sie mir eine große Fellpflege verordnet und mir die losen Haare aus dem Fell gezupft. Das tat gut und ich habe still gehalten, denn die Biester jucken auch noch wie der Teufel.

Keine Angst, ich habe kein Ungeziefer, das sind wirklich nur die lästigen Haare, die mich so höllisch jucken.

Wenn ich bedenke, dass ich 2 x im Jahr Fellwechsel habe, GRAUS. Aber vielleicht ist ja dieses mal auch noch Babyfell dabei und deshalb juckt es so arg. Habe Monika schon gesagt, sie soll mir so eine weiche Bürste kaufen und mich damit jeden Tag bürsten, das tut bestimmt gut.

Jetzt ist nicht mehr lange bis Juni, dann kommt Babette. Jens fährt in die Schweiz und holt sie ab. Monika ist aufgeregt und ich auch.

Lieben Gruß bis demnächst

Merle das Seepferdchen

Babettetagebuch
20.06.2007

Hallo Mama Mara, Mama und Papa Hess,
hier ist eure sackfreche Babette, ihr könnt
euch doch an mich erinnern?

Ich bin vor 10 Tagen nach einer langen Fahrt,
auf der ich auch noch kötzeln musste, in
meinem neuen Heim gelandet. Na ja, zuerst
auf einer Wiese, auf der ich Merle
kennenlernen sollte, auch ein Dackel, so bunt
wie eine meiner Schwestern.

Ich war nicht so gut gelaunt und blaffte Merle
gleich mal an, soll ja wissen, dass ich zwar
jung bin, aber ein mutiges Herz hab. Dann
ging es in mein neues Reich.

Ich erschnüffelte die Wohnung und habe die
Körbe und die Box für gut befunden, viel
Platz für manch Nickerchen und auch eine
Spielwiese im Wohnzimmer zum Tollen.

Die erste Nächte hat das neue Fraule Monika
bei Merle und mir im Wohnzimmer
geschlafen (von wegen Stubenrein und
außerdem hatte Merle Durchfall), das war toll.

Babette vom Försterhaus mit 3 Monaten

Wir durften, wenn wir ganz lieb waren auch auf das Sofa, Merle an den Füßen und ich hab mich in den Arm vom Fraule gelegt

Sie hat aber immer gesagt, dass das eine Ausnahme sei und wir uns nicht einbilden dürften, sie würde immer mit uns Heia machen, schade!

Nach 5 Tagen haben sie mich abends in die Box getan und Ruhe war im Wohnzimmer. In der 3. Nacht wollte ich dann aber wirklich nicht mehr allein schlafen und konnte Monika und Jens überzeugen, dass ich ganz gut ohne Box schlafen kann.

Schwups zu Merle ins kleine Körbchen und mich ankuscheln, fein ist das. Bin doch so ein Kuscheldackel.

Merle fand es die ersten Tage gar nicht nett wenn ich mit ihr kuscheln wollte. Sie rannte immer mit steifen Beinen davon, ganz angewidert! Kann ich aber gar nicht verstehen, wo ich doch so ein süßes nettes Dackelmädchen bin. Na ja, nicht immer, manchmal bosse ich Merle auch ganz schön.

Immer wenn es mir langweilig wird, quieke ich ganz arg, dass Alle auf mich aufmerksam werden. Lustig war, dass die ersten Tage bei meinem Gequieke Merle sogar der Knochen aus dem Maul fiel, Monika und Jens entsetzt von ihren Zeitungen hochschauten und ich frech vor mich hin grinste. Inzwischen fallen die auf meine Gequieke nicht mehr so schnell rein, grummel, grummel, wo ich doch so einen wunderbaren Dackeldickschädel habe.

Der Chef im Ring ist Merle, wer es später wird, hmmm, das machen wir Mädels untereinander aus. Muß ich mir noch überlegen, ob es erstrebenswert ist, der Chef im Ring zu sein? Warten wir ab was die Zeit so bringt!

In der Hundeschule waren wir schon 3 x, 2x zum Welpenspiel und 1x zum Üben. Die Übungseinheit habe ich völlig relaxt überstanden, die Sonne schien und ich macht es mir gemütlich. Monika meinte, ich bin meiner Mama Mara sehr, sehr ähnlich, ausgeglichen, in der Mitte ruhend und sehr souverän. Es kann mich fast nichts aus der Ruhe bringen, ob das wohl so bleibt?

Merle dagegen ist ein richtiger Treibauf, immer in Bewegung und keine Ruhe im Hintern. Spielen mit Merle ist klasse, wir toben dann durch die Bude, bis wir zum Austoben und Auslüften von Monika auf die Terrasse geschoben werden. Wenn wir wieder rein wollen, stehen wir dann an der großen Glastüre und geben Laut, dass man uns rein lässt.

Wenn ich müde werde, meine Ruhepause brauch und Merle noch weiterspielen will, mischt sich Fraule auch ein, ebenso, wenn ich manchmal zu frech bin. Denn Merle ist eine ganz Gutmütige und ich mach schon hin und wieder den Molle mit ihr, lalalala.

An der Leine laufen kann ich ja schon gut, jetzt habe ich Sitz und Babette Hier gelernt. Fluchs renne ich dann bei dem Befehl zu meinen Dosenöffnern, denn dann gibt es viel Lob und ein Leckerli zur Belohnung.

In der Wohnung spielen die Monika und Jens abwechslungsweise mit mir und Merle. Merle macht dann brav Platz und wartet bis sie wieder mit Spielen dran ist, ich bin da noch ein wenig ungeduldig und muss in Fraules Klammergriff, solange sie mit Merle spielt.

Spazieren gehen wir teilweise getrennt und miteinander, denn wir müssen ja beide noch viel lernen. Ob das so gut ist weiß ich nicht, lernen finde ich ja manchmal richtig dooof. Wieso das Spielzeug hergeben und nicht darum kämpfen? Ich versuch ganz schnell zu sein, mir das Leckerli bei Aus zu erhaschen und gleichzeitig das Spielzeug wieder zu erbeuten, aber Fraule ist schneller. So eine Dackelschande!

Ach ja, Futterneidisch ist Merle auch nicht mehr. Wir schlingen zwar Beide unter unserem Schiri, Rücken an Rücken die Bröckchen runter, drehen uns manchmal um, um zu sehen ob in der anderen Schüssel noch was ist. Aber aus der anderen Schüssel klauen, das lässt Schiri Monika nicht zu! Manchmal bekommen wir beide einen Kauschuh für die Zähne, dann ist ein hin und her, der andere Schuh ist immer der BESSERE. Zum Schluss kauen wir an einem Schuhteil gemeinsam herum, Merle an der einen und ich an der anderen Ecke. Wenn es sein muss stibitzen wir uns gegenseitig die besten Stücke. Ja keine Langeweile aufkommen lassen ist mein Motto.

Jetzt muss ich meinen Mittagsschlaf halten, darauf bestehen Monika und Jens, denn ich Welpe brauche anscheinend viel Schlaf, gähn. Wenn ich dann Groß bin, entscheide ich selbst ob und wann ich schlafe, jawohl.

Zuerst gibt es aber noch Futter, das viele Lernen und Spielen macht richtig hungrig und fressen finde ich prima. Vor allem das Nassfutter von Merle klauen, wenn keiner hinschaut. Auch wenn sich die Dosenöffner noch so viel MÜHE geben, ich finde immer eine passende Gelegenheit Merle was von ihrem Futter zu mopsen. Was das Fressen angeht und auch das Spielzeug klauben, bin ich eine ganz flinke Maus. Ich glaube sogar flinker als Merle!

Liebe Grüße in die Schweiz

Eure Babette

Merletagebuch
22.06.2007

Hallo Romy Fraule,
endlich komme ich mal wieder zum Schreiben! Du glaubst ja nicht was passiert ist. Die 2 haben mir ein Kuckucksei ins Nest gelegt, so nennt man das glaube ich? Das Ei heißt Babette und ist auch ein Dackelchen, allerdings noch ein recht kleines freches Dackelchen. Seit 10 Tagen ist mein Heim eine Rummelbude.

Als Erstes meinte die Kleine mich anzublaffen, was ich sehr befremdlich fand, da ich doch so ein nettes Dackelmädchen bin. Allerdings weiß ich jetzt, dass die Kleine eine weite Fahrt hinter sich hatte und auch noch viel gekötzelt hat auf der Fahrt, da ist man dann nicht so gut drauf.

Als die Babette dann im Haus war, war ich glaube ich ein wenig überfordert. Ich hatte Durchfall vom Feinsten und machte Fraule ganz arg Sorgen. Tierarzt und Hundetrainer meinten dann dass ich einfach nur Stress hätte, oh ja. Der Durchfall ist vorbei und an Babette habe ich mich auch gewöhnt. Die ersten Tage war ich noch wacker mein Futter und die Leckerli am verteidigen, per Knurren und Luftschnappen. Monika und Jens waren ganz irritiert, denn sie wussten gar nicht wie toll und tief ich Knurren kann. Jetzt wenn wir gefüttert werden, bekomme ich zuerst meinen Napf und dann Babette, so wie es sich für den Platzdackel gehört.

Schlafen und ausruhen war auch so eine Sache, Babette kuschelt doch so gern und ich fand das ganz schön befremdlich so einen kleinen Dackel neben oder fast auf mir zu haben und bin immer mit ganz steifen Dackelbeinen geflüchtet. Bis Monika uns in einen großen Korb gelegt hat und gesagt wir sollen jetzt endlich Ruhe geben, sonst gäbe es keine Leckerli mehr. Da haben wir dann nebeneinander geschlafen, träumten und warteten auf die Leckerlis.

Babette ist überhaupt eine Schmusemaus, sobald Monika auf dem Sofa liegt, ist auch Babette da und ich natürlich auch, denn es könnte ja was ohne mich geschehen, das geht ja nicht, oder? Ich glaube, ich bin manchmal eifersüchtig, obwohl Monika und Jens sehr darauf achten, mich nicht zu benachteiligen. Jetzt schlafen wir seit 4 Nächten allein im Wohnzimmer und meist in einem Korb. Na ja, manchmal mach ich mich vom Acker und such mir einen anderen Schlafplatz wenn die Kleine schon fest schläft. Mir ist das manchmal zu warm.

Babette und ich spielen sehr viel, fangen, Kaustangen klauen, Seilziehen und uns gegenseitig jagen. Wenn ich Babette überfordere, oder sie mich zu sehr ärgert, mischen unsere 2 Menschen sich ein. Ansonsten bin ich fleißig am mithelfen dass die Babette gut erzogen wird. Monika meint zwar, es sei ein Erziehungsresistenter Dackel, aber ich sehe das nicht so. Wie war ich denn so als Welpe, auch schwer zu erziehen, hatte bestimmt auch meine Tücken! Monika verzweifelt manchmal mit Babette, trotz mit Leckerli winken und HIIIEEER rufen sitzt Babette nur da und schaut in der

Weltgeschichte umeinander. Wenn ich vornweg laufe, dackelt sie bereitwillig hinterher, aber auf abrufen hat Monika nicht immer Glück.

Gemein ist, wenn die Babette hinter mir her rennt und mich in den Hintern kneift, das hassseee ich wie die Pest und werde ganz arg fuchtig. Dieses Luder ist noch nicht so schnell wie ich, aber dafür umso raffinierter.

Monika meint, ich sei ein ganz und gar untypischer Dackel, ein Vorzeigehund! In unserer Hundeschule sind die Hundetrainer auch ganz vernarrt in mich, aber es wird schon aufgepasst, dass ich nicht Größenwahnsinnig werde!!!!!

Diese Woche war ich mit meiner Kuschelmaus Babette in der Welpenspielgruppe, damit die Kleine nicht so allein ist und um sie zu unterstützen. Denn Die Babette ist eine Vorsichtige und ganz und gar Liebe.

Da waren dann auch große Hängebauchschweine, ich hatte nichts Besseres zu tun, als eine der Sauen immer anzustupfen, dass sie sich endlich bewege. Aber was war, die Sau blieb seelenruhig stehen und fraß weiter Gras, so was ärgerliches, wo ich doch so gerne die Sau gejagt hätte!

Jetzt wird es wieder lebendig in der Bude, ich schreibe bald wieder.

viele Hundekussi deine Merle

Merletagebuch
08.07.2007

Hallo Romy Fraule,
heute ist ein ganz toller Tag, auf jeden Fall für mich der größte überhaupt, für Monika und Jens glaube ich allerdings nicht. Aber von Vorne.

Monika und ich haben uns früh auf die Socken gemacht auf unsere große Spaziergehrunde.

Die ist ohne Babette, die ist noch zu klein und außerdem finde ich es toll mit Monika allein unterwegs zu sein. Wir waren schon am Stausee,

Merle und Babette Juli 2007

Monika muss zwischendurch See glotzen (sie vermisst manchmal ganz arg den Bodensee) und auf dem Nachhauseweg durch den Wald.

Ich musste viel an der Leine laufen, Sonntag sind ganz arg viel Radler und andere Leute unterwegs.

Monika wollte mich gerade wieder anleinen, wegen Radlern, da krachte es im Wald rechts ganz fürchterlich. Ich in Alarm und hörte Monika schon gar nicht mehr. Stell dir vor was dann aus dem Wald über die Straße brach, ein Rieseneber (über 100 kg) und ich in heller Aufregung mit meinen flinken Dackelbeinen hinterher. Über 20 Minuten rannte ich hinter der Sau, bzw. Spur her. Über Stock und Stein, immer die Sau vor mir hergescheucht. Du glaubst gar nicht, wie schnell die wurde mit mir an den Fersen. Immer wollte sie mich abschütteln, mal rannte sie nach Rechts, mal nicht Links, aber ich blieb an ihr dran, wacker scheuchend. Dann gab sie richtig Gummi und weg war sie. Da hielt ich dann an, denn Hier kannte ich mich nicht mehr aus und lief auf meiner eigenen Spur ganz schnell zurück zu Monika. Sie stand auch

Gott sei Dank noch da. Komisch war, sie hatte verheulte Augen und unser Auto war auch da. Aber die Freude war groß über mein Zurück kommen! 10 Minuten später tauchte auch noch Jens keuchend aus dem Wald auf, ob der wohl auch auf Saujagd war, ohne mich? Ich war auf jeden Fall sehr aufgeregt, hatte Durst wegen der vielen Rennerei und war müde

Sonst geht es mir gut, an Babette habe ich mich ganz gut gewöhnt und finde es inzwischen toll mit ihr auf Sofa oder im Körbchen zu kuscheln.

Dass mein Freund Charly sein Rute ab hat wegen dem blöden Tierarzt ist schlimm, hoffentlich geht es ihm sonst wieder gut?

Wir waren auch mal wieder beim Tierarzt, Routineuntersuchung von Babette. Ich habe Monika und Babette bewacht in der Praxis mit viel lauter Bufferei sehr zur "Freude" Aller in der Praxis. Muss doch meine Lieben beschützen, oder?

Merle

die schnelle Saujägerin

Merletagebuch
28.07.2007

Hallo Romy Fraule,
jetzt habe ich endlich mal wieder Zeit gefunden dir zu schreiben, puhh ist das stressig hier, seit die Kleine bei uns ist! Na ja, ist auch schön, ich habe immer jemand zum spielen und ärgern, grinsssss. Auch ans KUSCHELN habe ich mich richtig gewöhnt. Jetzt finde ich es ausgesprochen klasse, dass ich eine Freundin im Haus habe. Ich komme ja auch nicht zu kurz, bin immer noch viel mit Jens oder Monika allein unterwegs und es wird auch noch viel gespielt mit mir.

Mit meiner Läufigkeit ist das so eine Sache, zuerst dachten Alle (auch Tierärztin) ich hätte es schon hinter mir, denn ich hatte ja ein wenig Blut verloren, dann stellt sich raus ich bin jetzt erst richtig läufig! Monika ist sich jetzt nicht sicher, ob das erste Blut auch von mir war und nicht von unseren kleinen Keilereien oder von Babettes Zahnwechsel. Rätselraten ist angesagt, auf jeden Fall bin ich jetzt ganz schön heiß und werde manchen Rüden verrückt machten.

Gestern grillte Jens mit seinen Azubis und

Gesellen und wir Hunde durften mit, oh das war schön! Denn es war noch ein anderer Hundi da, ein lecker schöner Rüde (allerdings ohne Klötzchen) und den fand ich super toll! Streckte ihm immer meinen Hintern hin, Schwänzchen auf die Seite und lockte ganz keck. Der Jerry wurde ganz wuschig und schnatterte wie eine Gans. Wir tobten wie die Liebestollen über die Anlage und fanden die Welt wunderbar. Monika war ganz traurig, dass sie ihren neuen Fotoapparat noch nicht hatte, denn wir waren ein Bild für die Götter.

Babette fand Jerry am Anfang nicht ganz so nett. Das ist aber fast normal bei ihr, sie ist ein wenig vorsichtiger und reservierter als ich. Ich bin ja auch schon ein fast erwachsener Dackel!!! Auf jeden Fall blaffte sie ihn an und wurde dann ganz narrisch, als Monika ihm auch noch von unseren Leckerlis gab, da war was los. Babette am keifen und ich denke auch die war ein wenig eifersüchtig Nach etwa 2 Minuten war der Käse gegessen und sie fand Jerry auch ganz akzeptabel und tollte mit ihm fröhlich herum.

Um so müder waren wir Mädchen heute den ganzen Tag, 3 Stunden mit einem Rüden toben, das macht selbst mich müde!!!

Ansonsten geht es mir gut, auch den blöden

Zwingerhusten haben wir 2 inzwischen gut überstanden. Den haben wir uns in der Hundeschule geholt und der hatte es in sich. Ich musste nach dem Balli spielen immer ins Gras liegen und keuchen. Auch durfte ich nicht so viel spielen und in die Schule haben wir beide nicht gedurft. Aber nächste Woche geht der Lernstress wieder los, immer diese Folgerei!! Na ja, aber muss wohl sein, denn wir haben ganz schön viel angestellt bei unseren Dosenöffner.

Glaub mir aber Romy, ich war es nicht, Babette hat mich immer angestiftet, ganz großes Dackelehrenwort! Monika schläft immer mit Nackenhörnchen, wegen ihren Halswirbeln, jetzt gibt es statt 4 nur noch Eines. Wir haben die Anderen aufgerupft und dann die Zauberwatte im Wohnzimmer verstreut, man war das ein Spaß, leider nur für uns Dackel aber nicht für Monika.

Und ich glaube, Monika und Jens haben jetzt ein Sockenproblem, wir verziehen, wenn wir sie erwischen immer eine Socke zum toben und verstecken wir die auch.

So wie eine teure Lesebrille von Monika, sie hat sie noch immer nicht gefunden und ich bin ganz still und verrate nicht wo sie ist, ich kann ja schweigen wie ein Grab.

Ganz liebe Hundeküsse
deine Merle

Babette und Merle auf Mäusejagd

Babettetagebuch
12.08.2007

Hallo Mama Mara und Mama und Papa Hess,
jetzt ist eure süße Babette schon 2 Monate bei
Monika, Jens und Merle. Wir kommen gerade
von einem langen Spaziergang mit Monika
zurück und bevor ich meinen
Nachmittagsschlaf halte muss ich doch mal
wieder schreiben. Monika hat gesagt dass ihr
in Ferien seid, mit hoffentlich besserem
Wetter wie hier die letzte Zeit!!!!

Ich gehe im Moment 2x in die Hundeschule,
1x in die Spielgruppe und 1x in die
Lerngruppe. Nicht dass Ihr meint ich bin so
erziehungsbedürftig, oder soll das Abitur
machen, nein es macht einfach nur Spaß. Ich
vermute sogar, dass es manchmal Monika
mehr Spaß macht wie mir. Diesen Samstag
war ich die Beste (wen wundert es?), alle
Befehle prima ausgeführt und ganz brav an
der Leine gelaufen, man waren wir stolz! In
der Schule soll man ja auch folgen, hat mir
Merle beigebracht.

Zu Hause denke ich kann ich da schon mal
alle 5e grade sein lassen. Allerdings habe ich
mir auch recht viel Mühe gegeben, denn
Monika war sauer auf uns Hundis! Es haftete

immer noch ein leichter Geruch von Schwefel an ihr und dann ist Vorsicht geboten!

Manchmal stellen wir tolle Sachen an, die Fraule gar nicht so gut gefallen, wie z.B. Nackenhörnchen zerfleddern. Das machte höllischen Spaß und war zugegeben eine meiner guten Ideen und Merle macht garantiert immer mit.

Wir haben die Nackenhörnchen von Fraule aus dem Schlafzimmer stibitzt (während sie am aufräumen war) und haben die Dinger auf dem Sofa zerpflückt, die weiße Zauberwatte wird beim zerpflücken der Hörnchen immer mehr und kitzelt so klasse in der Nase. Als Monika ins Wohnzimmer kam gab es Donnerwetter vom Allerfeinsten und es roch gehörig nach Schwefel! Da habe ich dann gelernt, wenn´s nach Schwefel riecht, ab ins Körbchen und so tun als wäre nichts und warten bis die Laune von Monika wieder besser ist, was meist nicht lange dauert. Ich glaube wir sind beide ganz vielgeliebte Dackelmädchen!

Die schönen Flip Flops aus Leder von Fraule sind auch hinüber und liegen jetzt zum kauen für mich im Körbchen, da war sie traurig, denn es waren ihre Lieblingsschuhe. Kann ich nicht verstehen, wie man bei soooo vielen

Schuhen auch noch Lieblingsschuhe haben kann, Menschenfrauen halt. Diverse Spielzeuge sind jetzt auch, dank meiner Beißerchen im Hundespielzeughimmel und Socken gibt es kaum ein ganzes Paar mehr in meiner Menschenfamilie. Ihr seht, ich räume auf, wie es sich so gehört für einen Dackel!!!

Viele Spitznamen habe ich jetzt auch schon, nur einen, den kann ich nicht verstehen. Dickschädel, was ja wohl gar nicht stimmt! Ich habe keinen dicken Schädel, wenn ich am Spiegel oder sonstigen Schauflächen vorbei lauf, schaut mich ein schmaler langer Dackelkopf an, aber kein dicker Schädel! Ob das wohl was anderes heißt?

Wenn meine Dosenöffner mich ganz lieb haben, heiße ich Babetti oder süße Maus, wenn sie verärgert sind nennen sie mich den Roten Teufel. Aber Merle geht es nicht besser, die hat auch viele Namen. Einer ist Panikdackel, weil sie manchmal so wirr schaut.

Zugenommen habe ich auch wieder, jetzt bringe ich 6 Kilo auf die Waage und bin fast größer (länger auf jeden Fall) wie Merle. Meine Fellfärbung fängt auch an sich zu verändert. Auf der Straße sagt man mir oft, ich wäre eine schöne Dackeldame, eine edle

Prinzessin, dann meint Monika immer ich soll auf dem Teppich bleiben und nicht arrogant werden, hmmmm. Aber stolz darf ich schon sein, bei diesen Komplimenten, oder? Stellt euch vor, ich kann mit Merle prima spazieren gehen an der Leine. Wir müssen dann links von Fraule oder Herrle laufen und dürfen leider nicht ziehen. Aber da muss ich schon aufpassen, dass mich die elendigen Quadratlatschen von meinen Menschen nicht erwischen, denn kreuzen ist nicht, ich soll links laufen!

Wir sind gerade auf dem Staudamm gewesen und haben eine große Runde gedreht, ich darf aber manchmal noch zu Hause bleiben, wenn Monika mit Merle die ganz große Runde dreht, da bin ich noch zu klein dazu, leider, ich würde schon gern mitgehen. Aber wenn ich brav meine Bröckchen fresse werde ich bestimmt bald ganz groß und darf mitgehen.

Merle und ich, wir haben uns arg gern, kuscheln und spielen viel. Wir respektieren uns und maulen uns auch mal an, ich füge mich noch, aber zeige schon mal meine Zähne, mein Selbstbewusstsein ist nicht klein, aber HALLO!!

Ja, ja, ich lass Merle noch den Vortritt, aber ärgern darf sie mich nicht und mir ja nicht meine täglichen Kuscheleinheiten bei Monika und Jens streitig machen, dann raucht und zwar Oberdackelmäßig.

Liebe Grüße eure Babettte

Merletagebuch
13.09.2007

Hallo Romy Fraule,
wir kommen gerade von einem längeren Spaziergang mit Bautz zurück.

Wir, Monika und ich lernen unserem roten Teufel gerade, dass es ganz liebe Hunde (wie den Bautz) gibt, die man nicht so anbellen muss und richtig toll mit denen spielen kann. Ich bin natürlich nicht mehr so wild drauf, bin ja auch schon erwachsen, ja wirklich!

Babette tobt hinter Bautz her und ich laufe gerne bei Monika ohne Leine und schau was sie so macht, ob bei Fuß laufen vielleicht ein Leckerli abfällt. Ich laufe jetzt eigentlich nur noch im kleinen Radius um Monika und die meiste Zeit eh bei Fuß und das auch noch freiwillig. Ich glaube, das gefällt Monika sehr gut, denn ich werde viel gelobt.

Das Babette krank war, hat Monika ja schon geschrieben, da war eine Hektik im Haus, uiui. Ich habe mir auch ganz schön Sorgen gemacht und war immer am schauen, ob sie mit mir spielen will, aber sie wollte nur liegen und schlafen. Als es ihr wieder besser ging war ich aber froh.

Gott sei Dank war ich klüger und habe keine Spielzeugteile verschluckt. Ja ich nage auch nicht so viel an wie Babette, will mehr rennen und spielen. Vor Babette ist nichts sicher, keine Zeitung, Schuhe oder Kugelschreiben, ALLES klaut die Kleine. Ich schaue manchmal ganz verblüfft, was die so findet und zernagt, so war ich nie, bin mir aber nicht so sicher!

Manchmal bin ich auch ein wenig eifersüchtig, nur ein ganz klein wenig, wirklich. Wenn mich dann die Eifersucht überkommt und ich auch noch Gelegenheit bekomme, stibitze ich der Babette das Fressen, Welpennahrung, hmmm lecker. Nur leider bekomme ich dann bei der 2. Mahlzeit weniger, denn sonst werde ich dick, Welpennahrung ist ja so gehaltvoll meint Monika, ich finde das gar nicht!

Monika und ich, wir üben viel meine Hundebefehle und es macht mir Spaß, was wir in der neuen Hundeschule so üben. Allerdings hat der neue Hundelehrer sofort bemerkt, dass ich manchmal ein wenig schummle beim hinsetzen, vor allem wenn das Gras nass ist. Das ist ein ganz netter und kluger Hundelehrer. Wer führen will, muss dienen lernen, sagt er immer. Wir lernen viel von ihm und alle Hunde lieben ihn. Monika sagt es ist der Robert Redford der Hunde, ein Hundeflüsterer.

Sonntag war ein toller Tag, wir sind 3 Stunden spazieren gegangen, man waren wir dann müde. Wir wollten auch nicht so lange laufen, aber die liebe Babette wollte kein Häufchen setzen und Fraule war so sauer, dass sie laufen wollte, bis Babette eines macht. Pustekuchen, ich hatte Spaß ohne Ende, Monika hat gefroren und Babette musste sich ab und zu hinsetzen, von wegen müde Beine. Die Babette ist da ein wenig komplizierter wie ich, macht nicht überall und braucht manchmal Stunden bis sie einen Platz für richtig findet. Da bin ich schneller und anspruchsloser, ein kleines Scheißerle, wie meine 2 manchmal sagen.

So jetzt gibt es das 2. Frühstück und dann geht Monikas Freundin Katja mit mir spazieren. Die kommt 1x die Woche und geht seit 4 Wochen dann mit mir Gassi, das finde ich klasse. Wenn Babette groß ist darf sie auch mit, da freue ich mich schon darauf.

Liebe Hundekussi

Deine Merle

Babettetagebuch
13.09.2007

Liebe Mama Mara, Mama und Papa Hess, bin putzmunter und komme gerade von einer ganz großen Vormittagsgassirunde zurück.
Letzte Woche wollte ich doch glatt sterben und die Tierärztin hatte schon das Messer gewetzt um mir den Bauch aufzuschnippeln. Ich übertreibe diesmal überhaupt nicht wie ein richtiger Dackel!

Aber erst mal von Anfang an. Sonntag vor zwei Wochen fing es an in meinem Bauch zu grummeln und meine Häufchen wurden unregelmäßig und waren auch keine kleinen Zigarren mehr. Ich hielt Monika immer meinen Bauchi hin, damit sie krault und das Grummeln wegstreichelt, half aber leider nicht wirklich. Es wurde zwar immer ein wenig besser, aber nicht ganz.

Vor lauter Verzweiflung habe ich viel Gras gefressen, was Monika und Jens sorgenvoll bemerkten, was ist mit der Kleinen los? Ab Dienstag gegen Mittag hatte ich dann beschlossen nichts mehr zu fressen. Als Monika von der Arbeit kam hatte ich die Wohnung ein wenig beschmutzt und war sehr ruhig, Monika bekam sofort Dackelfalten auf der Stirn und ab ging es zum Tierarzt. Spritze gegen Übelkeit und Tropfen gegen Erbrechen. Zu Hause ging es dann 1 Stunde ganz gut, dann ging das Dilemma erst richtig los. Ich spuckte mehrmals ganz viel Flüssigkeit (trinken wollte ich aber nicht) und fühlte mich sterbenskrank. Ich war am junken, denn ich wusste nicht wie ich mich hinlegen sollte so tat mir mein Bauch weh. Monika und Jens hatten furchtbar Angst um mich und riefen unsere Tierärztin an, wir trafen uns dann um 21 Uhr wieder in der Praxis.

Ich wurde geröntgt, denn mein Bauch war ganz hart und die Tierärztin vermutete eine Darmüberstülpung. Dann kam das wirklich Schlimme, Infusionen ging bei mir nicht, also Katheder in den Bauch und Flüssigkeit mit den Einmalspritzen (25ml) in meinen Bauch. Beim Anblick der Nadel wurde ich sehr ängstlich und fing schon an zu schreien bevor die Nadel mich überhaupt berührte. Die haben mich ganz leicht sediert, dann fand ich das pieksen gar nicht mehr schlimm. Wir wieder nach Hause, wo Merle schon aufgeregt auf uns wartete. Ich döste dann erst mal eine kleine Runde. Monika schlief (schlafen kann man das glaube ich nicht nennen, sie wachte über mich) auf dem Sofa und ich kroch gerne zu ihr.

Zuvor musste ich wieder spucken, aber nicht mehr so viel. Am Morgen ging es mir immer noch nicht so gut und ich wollte auch nichts fressen. Mich beschäftigte ganz arg, ob ich jetzt aufgeschnitten werde und setzte schnell eine kleine Zigarre. Waren meine Menschen froh über dieses kleine Häufchen!!!? Gegen 10 Uhr waren wir schon wieder beim Tierarzt für die nächste Runde Flüssigkeit, wie ätzend! Ich war schon munterer, der Bauch war auch nicht mehr so hart und ich wollte auch wieder fressen. Alle waren sie ganz GLÜCKLICH!!! Was allerdings die Ursache für meine Unpässlichkeit war, darüber gab es nur wilde Spekulationen. Ich konnte ihnen ja nicht sagen, was ich angestellt hatte!! Aber am Nachmittag bei der nächsten Zigarre kam es zum Vorschein. Merle hat(te) eine graue

Quietschmaus aus Gummi, der habe ich ein Bein abgebissen und ganz geschluckt. Das Teil ist etwa 3cm lang, 2,5 cm breit und hat ganz schön meinen Darm verstopft. Meine Dosenöffner passen jetzt noch mehr auf, dass ja nichts in meiner Reichweite herumliegt, was ich auf keinen Fall runterschlucken sollte. Das ist vielleicht oberlästig, diese ängstlichen Menschen.

Am Nachmittag war ich dann wieder soweit hergestellt, dass ich Merle ärgern konnte und Socken verstecken. Wie schnell ein Dackel doch vergisst, wie schlecht es ihm ging.

Jetzt noch die Neuigkeit. Wir sind jetzt in einer neuen Hundeschule, die ist richtig prima. Merle geht jetzt Freitag mit Monika und ich Samstag mit Jens. Damit wir auch Beiden folgen und nicht wie bis jetzt besser auf Monika hören, unsere Chefin. Es gibt wohl große Unterschiede in den Hundeschulen wie die Menschen so erzählen. Aber ich merke auch, dass die neue Schule manche Dinge anders macht und ich viele wichtige Dinge lerne. So erwachsen werden, gut hören und folgen ist doch gar nicht so leicht!

Merle und ich sind inzwischen ein unschlagbares Team, wir verstehen uns prima und bellen gemeinsam nach den Spaziergängern im Wald.

Manchmal witschen wir aus und verbellen am Zaun fremde Hunde. Könnt ihr euch vorstellen, wie die sich erschrecken, wenn wir 2 Tiger da stehen und maulen!!!

So, jetzt gibt es das Mittagessen und dann geht es ab in den Wald.
Liebe Grüße an Alle und besonders an meine Geschwister,
wie geht es Denen denn so?

Eure Babette

Babette und Merle September 2007

Merle Tagebuch
26.09.2007

Hallo Romy Fraule,
es geht mir gut und ich bin Merle Wirbelwind
wie immer. Gestern wollte Monika uns
verkaufen, weil wir Dackel einen Hasen
jagten, aber hat es dann doch nicht getan.

Meine Dosenöffner planen schon für den
Urlaub, es geht in 10 Tagen für 2 Wochen
nach Dänemark und wir Hunde freuen uns
auch schon darauf. Bin riesig gespannt, was
das ist, Sandstrand, Meer und Fische fangen.
Ob Hunde auch angeln können?? Die Post
brachte heute Futter und Leckerli für die
nächsten Jahre. In Urlaub gehen ist aufregend!
Morgen fahren wir noch in einen Hundeshop,
neue Ottos kaufen. Von denen die ich noch
habe ist das Innenleben rausgepflückt und
quietschen ist schon lange vorbei. Die Ottos
sehen einfach erbärmlich aus. Babette und ich
sind da wirklich gründlich, was das zerrupfen
von Spielzeug angeht.

Wir waren heute auch schon in der Stadt, mit
Monika. Den Wochenmarkt rauf und runter,
in der Sparkasse brav Sitz machen und
warten. Auch haben wir ganz viele Hunde
getroffen. Wir waren ganz lieb und der Hit,

alle Leute schauten uns nach, weil wir ja so schicke Dackeldamen sind! Ein Jack Russel, den Monika von Esther her noch kennt, hat sich gleich auf den Rücken gelegt und sich von uns beiden Mädels rauf und runter beschnuffeln lassen, er sabberte und quietschte vor Vergnügen.

Vorher haben wir unsere Nachmittagsrunde gedreht und jetzt ist kuscheln im Körbchen angesagt, Wir Dackel liegen wie ein Knäuel im Korb und träumen von uns hin.
ganz liebe Grüße

Merle Merlingo

Merletagebuch
01.10.2007

Hallo Romy Fraule,
jetzt ist es bald soweit und ich begebe mich mit meinen Dosenöffnern und Babette auf große Reise.

Vorher muss ich dir aber noch erzählen, wie

ich Babette ein wenig verarscht habe, aber nur ein ganz klein wenig!

Du kannst dich doch noch an mein Regelmäntelchen erinnern, was ich zwar bei dir gerne angezogen habe, aber jetzt nicht mehr so gerne. Auf jeden Fall war es Donnerstag mal wieder soweit, Regen ohne Ende. Monika rief uns zum Gassi gehen und wir Dackel flink zu ihr. Da stand Monika mit dem Mantel in der Hand. Ich flugs das Weite gesucht und ward nicht mehr gesehen und Babette musste daran glauben und den Mantel anziehen.

Wie Babette mir dann später erzählte fand sie den Mantel sehr befremdlich und weigerte sich auch mit Leckerli und locken mit ihm zu laufen. Babette macht Wasser eh nichts aus, sie hat keine Probleme mit Regenwetter.

Wie du weißt habe ich nicht so gerne Wasser von oben. Als die 2 nach Hause kamen, war ich noch in meinem sicheren Versteck. Monika lockte ein wenig und meine Neugier siegte.

Auf jeden Fall musste ich dann diesen Regenmantel nicht anziehen, ich war ganz glücklich.

Wir gehen jetzt noch eine grosse Runde spazieren, bevor Fraule zur Arbeit fährt.

Liebe Hundegrüße,
bis nach Dänemark, da habe ich dann bestimmt viel zu erzählen
Merle

Babettetagebuch
01.10.2007

Hallo Mama Mara und Eltern Hess,
hier ist mal wieder Euer "Roter Teufel" aus der Fischzucht in Schevenhütte.

Mir geht es prima, hab fast Alles fest im Dackelgriff! Letzte Woche wollte Monika uns doch glatt verkaufen. Zuerst dachte ich wirklich, aber dann merkte ich, dass sie nur narrisch ist.

Wir sind bei den Propellern (Windrädern) spazieren gegangen, bei traumhaftem Sonnenschein und haben auf den Wiesen getollt. Monika rief uns immer wieder zurück, aber auf einmal hatten wir eine ganz tolle

Spur, oh die roch aber fein. Schwupps, da stöberten wir einen großen Hasen auf und los ging es hinterher. Ganz im Hintergrund hörte ich Monika rufen HIIIEEERR, sonst verkaufe ich euch!!! Aber bei der tollen Spur konnten Merle und ich nicht folgen. Im Zickzack über das Feld, vor und zurück, hin und her. Monika war schon ganz weit weg. Der Hase blieb immer wieder stehen und ich glaube er lachte uns aus, weil wir so langsam waren, was natürlich unseren Dackelstolz noch mehr anspornte, man wir waren am keuchen.

Nach 10 Minuten gaben wir auf, denn der Hase lief über den Feldweg und war schwups verschwunden und wir am japsen. Vor allem ich, denn so geschickt wie Merle jagen kann ich ja noch nicht.

Das schlechte Gewissen plagte uns und wir liefen ganz vorsichtig und kleinlaut zu Monika. Aber sie hat uns nicht geschumpfen, sondern gelobt. Allerdings mussten wir sofort an die Leine und wir durften den ganzen Tag nicht mehr frei laufen. Was ja viel schlimmer ist wie schelte kriegen!!!! Bin ja arg gespannt, ob ich auch mal eine Sau jagen darf wie Merle.

Dann hat mich Merle diese Woche auch noch richtig gehörig verarscht. Merle besitzt von ihrem Exfraule einen schwarz karierten Regenmantel, ich wusste gar nicht, dass es so was für uns Dackel gibt.

Donnerstag regnete es Regen ohne Ende. Monika rief uns zum Gassi gehen, wedelte mit einem karierten Teil und wir rannten zu ihr. Merle hat so was von flugs das Weite gesucht und ward nicht mehr gesehen. Ich Babette die Rat- und Arglose schaute hinter ihr her und flüchtete mich auf das Sofa. Machte Einen auf „ich bin ja so lieb", auf dem Rücken liegen und mit dem Schwanz wackeln. Es half nichts, Monika zog mir dieses komische Teil über das Fell, obwohl ich mich ganz arg wehrte und dann ging es raus. Ich legte mich auf die Straße streckte alle vier Dackelpfoten von mir und war zu keinem Schritt zu bewegen. Monika hat mir dann den Kittel ausgezogen und ich lief durch den Regen. Regen macht mir doch eh nichts aus, ich bin nicht aus Zucker!

Als wir zu Hause waren habe ich Fachmännisch den Mantel unter meine Krallen und Zähne genommen, damit ja kein Dackel in diesem unserem Hause noch einmal so was anziehen muss

Jetzt werde ich mich jetzt auf unseren Dänemark Urlaub vorbereiten. Ich muss noch

ganz viel Futter bunkern und unsere Spielzeuge suchen.
Wie ich mitbekommen habe, geht es am Samstag dann los. Ich freue mich schon auf meinen 1. Urlaub und bin gespannt wie ein Flitzebogen.

Liebe Grüße bis nach dem Urlaub

Eure Babette

Merletagebuch
07.11.2007

Hallo Romy Fraule,
jetzt ist der PC von Monika endlich wieder heile, er hat einen neuen Bildschirm und ich kann dir endlich die Urlaubseindrücke schreiben.

Vor der Hinfahrt nach Dänemark war es schon eigenartig bei uns zu Hause. Koffer standen rum, Futter wurde verpackt und so gestellt, dass wir Dackel auch ja nicht rankommen. Ich fand es merkwürdig und hatte ein wenig Bedenken was jetzt wohl passiert. Babette ist da ja cooler, die hatte die Ruhe weg.

Am Reisetag ging es dann in der Früh um 6 Uhr ins Auto. Wir hatten unsere Box hinter unseren Dosenöffnern und da unser Auto ja eine Kühlbox zwischen Fahrer und Beifahrer hat, konnten wir prima nach Vorn schauen. Aber die ersten Stunden haben Babette und ich eh noch geschlafen, ich weniger, musste doch mit einem Auge immer schlinsen ob Jens auch alles richtig macht. Auf der Höhe Hamburg ging das Theater dann los, Babette wurde es ganz arg langweilig und sie fing an zu krächzen wie Janis Joplin, als das nichts nütze hob sie auf die Stimmlage der Callas an!!!! Monika und ich schauten uns nur immer an und verdrehten beide die Augen. Dann kamen wir auch noch in einen Stau (2 Stunden), mir taten schon die Ohren weh wegen Babettes Gejammer. Monika hatte dann Mitleid mit mir und wir durften während des Staus nach Vorne und auf dem Schoß von Monika sitzen und rausbuffen!! Nach dem Stau haben wir den Rest der Fahrt gut überstanden, mit sehr vielen Pausen und Leckerlis.

Im Ferienhaus angekommen ist Monika dann gleich mit uns ans Meer gelaufen. Meine Güte, haben wir beiden Dackel blöd aus der Wäsche geglotzt. So weit schauen können und was ist das Glitzernde sich bewegende Schwapp Schwapp? Wir Dackel saßen erst mal im Sand und hatten unsere besinnlichen 2 Minuten. Danach mussten wir ja das Schwapp erkunden und im Sand wühlen. Das Schwapp entpuppte sich als Wasser und ärgerte mich, denn ich wollte immer die Wellen schnappen und das ging nicht, es klackten immer nur meine Beißerchen aufeinander! Wir erledigten unser Geschäft und dann ging es in das Häuschen uns gemütlich einrichten. Wir waren nach der langen Fahrt alle ein wenig müde und unsere Dosenöffner gingen bald in die Heia.

Wie zu Hause schliefen wir Hunde im Wohnzimmer. Hm, das fand ich nach der ersten Ruherunde nicht so klasse. Allein mit Babette in einem fremden Wohnzimmer also junkte ich ganz leise an der Schlafzimmertür. Jens ist wach geworden, bei Monikas Schlaf würde ich heute noch junken so tief ist der! Wir durften dann beide ins Schlafzimmer und waren auch ganz glücklich. Die nächsten Nächte hatte ich mich dann eingelebt und musste in der Nacht nicht mehr junken.

Das tägliche Spazieren gehen am Strand war klasse. Babette und ich tobten um die Wette im Sand, dass er nur so spritzte. Wir haben auch viele Ausflüge gemacht, in Städte und an die Nordsee. An der Nordsee hat es vielleicht einmal gestürmt. Ich bin Monika in die Arme gesprungen und habe ganz laut gequietscht weil ich es so ätzend fand, der Wind und der Sand der mir um die Ohren flog. Wir durften dann auch ins Auto zurück und unsere Menschen sind durch den Wind gelaufen, eigenartige Sachen machen manchmal die Menschen!

In den Städten waren wir 2 Dackel der Renner, Monika wurde ganz oft gefragt was wir denn für schöne Mädchen seien und wie du immer schon sagtest, zauberte ich ganz vielen Leuten ein Lächeln ins Gesicht. Monika wurde mit jedem Mal ein Stück größer. Aber Arrogant bin ich deshalb nicht geworden, ganz wirklich.

An einem Nachmittag hat Babette eine Spur verfolgt und ist ab durch die Mitte, in das Gebüsch am Strand in den angrenzenden Wald. Inzwischen bin ich ja reifer und folgsamer und habe die Spur nicht verfolgt und bin auf Kommando HIIEER zu Monika (wenn ich ehrlich bin, wäre ich auch gerne mit auf Tralafitti gegangen) und dann haben wir gewartet, nach 15 Minuten kam das Luder wieder und tat so, als wäre nichts passiert, typischer Dackel halt, oder???

Auf jeden Fall war der Urlaub sehr schön und ich bin gespannt, wo es das nächste Mal hingeht. Ich habe so was läuten hören, dass wir nächstes Jahr nach Frankreich fahren.

Romy, stell dir vor, ich habe einen großen Freund, wirklich ganz, ganz groß, einen Leonberger. Der ist was verliebt in mich, oh je obwohl ich gar nicht läufig bin. Er ist aus der Hundeschule und hatte am Anfang kein so großes Interesse an mir.

Mit der Zeit hat er kapiert was für eine süße Maus ich bin. Jetzt kriegt ihn sein Fraule nicht mehr gehalten wenn er mich erschnuffelt und zieht sie hinter sich her, fast waagerecht im freien Flug!! Er legt sich gerne platt auf den Boden und junkt mich an und ich kann ihm dann die Schnauze lecken, man ist das toll, ich glaube ich mag ihn auch ganz doll! Nur mit dem Folgen hat der Einstein es jetzt gar nicht mehr. Wenn wir Hunde in der Schule brav sitzen oder liegen sollen, muss der Hundelehrer immer zwischen uns stehen, sonst folgt Einstein nicht mehr und rast wie vergiftet zu mir. Liebe macht halt blind und jeck.

Letzten Freitag haben sich dann auch noch unsere Hundeleinen verheddert und Monika lag auf dem Rücken und ich ganz aufgeregt

auf Monika und stupfte sie immer ins Gesicht,
denn ich dachte es ist was passiert.

Liebestolle Kerle können manchmal auch zu
dusselig sein, das kannst du bestimmt
bestätigen, oder?
Babette kennt Einstein auch schon und war
ganz angetan von meinem großen neuen
Freund.
So jetzt ist genug, bald mehr Neuigkeiten

Deine
Merle Merlingo

Babette Tagebuch
13.11.2007

Hallo Mama Mara und Mama und Papa Hess,
hab ich viel zu erzählen, weiß gar nicht wo ich
anfangen soll.

Wir waren ja in Urlaub, das war vielleicht toll.
Allerdings die Fahrt dorthin hat mir nicht so
gefallen. Wir fuhren ganz arg früh weg und
ich war noch müde, so dass ich die ersten

Stunden Fahrt glatt verpennt habe. Dann gab es eine Pipi- und Schnüffelpause, danach hatte ich keine rechte Lust mehr zu fahren und wollte mit meinem netten Stimmchen (erst nettes Krächzen dann Operndivamäßig) Monika und Jens davon überzeugen, dass jetzt genug sei. Aber stellt euch vor, die haben mich nicht ernst genommen. Aber nach einiger Zeit ging ich denen ganz schön auf den Zeiger. Merle stupfte mich immer, ich solle mich doch nicht so aufführen, half aber nichts! Wir standen dann recht lange im Stau und Merle und ich durften Gott sei Dank auf Monikas Schoß und aus dem Fenster glotzen. Den Rest der Fahrt habe ich mit einigen Nickerchen und Pausen doch noch hinter mich gekriegt.

In Dänemark angekommen ging es gleich an den Strand, Booohhhh ist das fein. Sand und Wasser und ganz oft ohne Leine, da kann man fein rumtollen. Viele Dinge zum erschnüffeln gab es auch, vor allem tote Quallen die ganz fein riechen. Monika und Jens fanden das gar nicht gut und scheuchten uns immer weg davon. Wir machten Urlaub an der Ostsee, sind aber auch 2x an die Nordsee gefahren, das war meine Welt! Bin immer den Strandläufern hinterher, im Zickzack durch das Wasser gepflügt in der Hoffnung ich kann einen dieser blöden Vögel erwischen. Aber die sind ja so schnell und ich hatte immer das Nachsehen, auf jeden Fall war ich danach immer pitschnass und hundemüde. Monika taufte mich in Babette den Seehund um.

Auch habe ich gelernt was Sauna ist, ja das ist aber fein warm. Wenn meine Menschen mit der Sauna fertig waren durfte ich in die Kammer, bekam ein eigenes Handtuch und durfte die Wärme genießen (die Sauna war dann schon ausgeschaltet und die Türe offen). Merle fand das sehr befremdlich, ich nur super schön.

Auch hatte ich meine erste Fährtensuche allein, allerdings nicht gerade zur Freude meiner Menschen. Wir waren mal wieder am Strand am Laufen, da bekam ich doch so eine tolle Spur in die Nase und musste dringend hinterher. Zwar hörte ich noch Monika rufen und Jens ganz fürchterlich fluchen (diese Worte mag ich nicht wiedergeben) aber die Spur war viel, viel schöööner. Ich bin ganz arg weit gekommen und überlegte dann aber, dass es wohl besser sei zurückzugehen und Ufff, das standen noch alle und freuten sich ein Loch in den Bauch über mein zurückkommen.

Aber wie immer wenn wir nicht so ganz folgen, geht es an die Schleppleine, wie wir

Dackel das aber hassen interessiert niemanden, ist doch unfair oder? Aber sonst war ich wirklich lieb im Urlaub und habe nichts angestellt, also dürfen wir wieder in das Ferienhaus. Da waren Monika und Jens aber froh!

Letztes Wochenende haben Monika und Jens mich zu ganz vielen fremden Dackeln geschleppt. Auf einem großen Parkplatz angekommen musste ich mich erst mal melden, hab ganz ordentlich gebellt und erst mal vorgewarnt. Aber danach fand ich das klasse, so viele neue Gerüche und Dackel.

Aber dann kommt es, die haben mich doch glatt für so ein Ringlaufen angemeldet, was das sollte ist mir immer noch nicht klar. Da steht so ein Typ mit einem Knochen in der Hand, der nicht mal lecker riecht, in den er rein spricht und beobachtete mich und Jens, so was doofes. Zuvor wurde ich auch noch auf die Waage gestellt, vermessen, befingert und meine Zähne wollte er auch noch sehen, ungeheuerlich was man sich so in einem Dackelleben gefallen lassen muss Dann wurde ich noch bewertet und bekam ein „v".

Babette wartet auf das Leckerli

Das Beste an dem ganzen Tag waren die vielen Leckerli die wir bekamen, 2 große Tüten voll schleppten wir Dackel nach Haus. Ich dachte mir, wenn das so ist, dürfen Monika und Jens mich wieder für ein Ringlaufen anmelden, Merle fand das übrigens auch.

Ja und dann war da noch ein ganz besonderes Erlebnis, die Rattenjagd in der Fischzucht bei Nacht. Jens ging mit uns Mädels unsere Abendrunde und da lief uns doch eine Ratte vor die Schnauze und flüchtete sich ins Wasser.

Pech gehabt, Merle und ich sind gar nicht Wasserscheu und haben gemeinsam, bis zu den Achseln im Wasser die Ratte getötet. Nacheinander schüttelten wir das Biest zu Tode, zuerst natürlich ich. Eine Blessur an der Schnauze habe ich davongetragen und wie die Indianer keinen Schmerz gezeigt und schon gar nicht gefiept

Wir sind seitdem die Killerdackel von der Fischzucht und natürlich gierig noch mal eine der fiesen dicken großen Ratten zu erledigen. Monika hat es nur geschüttelt und Jens stand mit offenem Mund da vor lauter Begeisterung.

Eines hat Monika aber sehr befremdet, wieso

ich bei diesem Riesenscherbel auf der Schnauze nicht jammere und beim Tierarzt beim Anblick der Spritzennadel so ein Theater gemacht habe. Ich glaub, ich habe beim nächsten Gejammer beim Tierarzt äußerst schlechte Karten.

So jetzt habe ich erst mal die Neuigkeiten berichtet und melde mich wieder, wenn was Wichtiges passiert ist.

Eure Babette „v"

Merle Tagebuch
01.01.2008

Hallo Romy Fraule,
dein Tigerle wünscht dir und Andreas viel Glück und Gesundheit im Jahr 2008 und dass ganz viele Wünsche in Erfüllung gehen.

Jetzt bin ich schon fast ein Jahr bei Monika und Jens, kaum zu glauben. Für mich ist hier jetzt fast so was wie der normale Alltag eingetreten.

Oktober 2007 am Ostseestrand

Wir haben so unsere täglichen und wöchentlichen Abläufe und diverse Besonderheiten. Babette ist ja jetzt auch schon 1/2 Jahr bei uns, ich kann mir gar nicht mehr vorstellen wie es ohne sie war, auch wenn ich sie manchmal verwünsche!!

Ich denke die Abstände in denen ich schreibe, werden ein wenig größer, dafür umso ausführlicher, wenn das ok ist für dich Romy Fraule?

Monika hat ja schon vor dir wöchentlich eine Kurzinfo über mich und unser Leben zu schreiben.

So, jetzt zu den letzten Wochen. In der Hundeschule bin ich gern gesehen und mag die anderen auch ganz gern. Mitte Dezember hatten wir den letzten Kurs bis Mitte Januar, da war ich aber froh. Auf der Wiese so auf der Anhöhe zog es doch ganz arg und Monika war immer eingemummelt wie ein Eskimo, nur ich kann mir kein 2. Fell überziehen.

Den anderen Hunden macht es ja nicht so viel aus, bei dem kalten und nassen Wetter in das Gras zu liegen, ich allerdings fand das nicht so prickelnd und wollte mich schon manchmal drum rum schmuggeln. Das hat der

Hundetrainer aber nicht gelten lassen und ich musste trotz dem bescheidenen Wetter folgen. Monika war auch nicht so begeistert von dem Wetter und hätte mir so manchen Schnitzer durchgehen lassen, ich glaube sie ist manchmal ein wenig gutmütig und wir Dackel neigen dazu es auszunutzen.

Diesen Samstag treffen sich die Menschen aus der Hundeschule zum Neujahrsessen, so ein Mist und wir müssen zu Hause bleiben, mal überlegen was wir dann wieder anstellen könnten. Babette ist da ja sehr erfinderisch!

Zu unserem täglichen Abendritual gehört die Such nach den Ratten, ja du hast richtig gehört Romy, RATTEN. Babette und ich sind inzwischen Spezialisten in Ratten killen, sehr zu Freude von Jens, aber die Monika gruselt sich davor. Aber sie geht trotzdem mit uns jeden Abend auch eine Runde auf die Jagd. Monika zieht dann ein Stirnband mit Licht an und uns 2 Dackel jede an einer Flexileine, dann geht die Post ab. Hätte Monika Rollen statt Füße, man dann könnten wir schnell sein, aber leider hat sie nur Beine und schaut wie sie mit uns Schritt halten kann.

Inzwischen haben wir schon 3 Ratten und mehrere Mäuse erledigt, sogar eine Ratte am Tag mitten in der Stadt im Stadtgarten. Oh da hat sich Monika aber fast geschämt und immer um sich geschaut ob das auch ja keiner sieht. Menschen sind manchmal zu komisch. Beim Ratten erledigen schütteln wir abwechselnd das Tier bis es tot ist, da sind wir schon ein unschlagbares Team.

Manchmal versuchen wir auch Enten zu jagen, das geht dann aber immer in die Hose. Die blöden Enten flüchten auf die Fischteiche und wir Hunde haben das nachsehen, hinterher schwimmen wollen wir dann doch Beide nicht. Wenn Babette und ich abends schon am dösen sind und wir noch unsere letzte Pippi Runde machen sollen müssen unsere Menschen nur ganz laut „Ratten" sagen und schon sind wir beide Hunde an der Tür. Selbst Babette die eigentlich am Abend lieber schläft wird dann auf einmal putzmunter.

Babette und ich haben uns im Prinzip sehr gerne, manchmal gehen wir uns aber gegenseitig auf den Senkel. Babette will schlafen und ich spielen (was ich ja eigentlich den ganzen Tag möchte) und dann ist sie stinkig und brummt mich an. Im Moment brummt sie ein wenig mehr und ist ab und zu zickig, ich habe gehört sie ist in der Pubertät! Scheint ne blöde Zeit zu sein, nicht nur für Menschenkinder, auch für Dackelchen.

Babette ist aber nicht lange zickig, denn ich mit meinem Charme überliste sie immer wieder mich zu mögen. Wenn Babette dann auf meine Animation einsteigt ist Sturm in der Bude.

Wir rennen von einem Eck zum anderen und jagen uns gegenseitig durch die 100 qm bis wir keuchen und die Zunge aus dem Maul hängt. Babette animiert auch manchmal und ich finde das natürlich Superklasse und steige sofort darauf ein, mich muss man nicht lange bitten. Du kannst dir ja nicht vorstellen, wie dann die Wohnung ausschaut, oh je, da trifft Monika und Jens schon manchmal der Heilige. Die Teppiche schieben wir ans andere Eck im Wohnzimmer (manchmal machen wir auch Stapelteppiche), alle Decken vom Sofa verknuddelt, unsere Körbe stehen dann auch ganz woanders, wie nach einem Einbruch.

Wenn wir uns jagen, jiffen und bellen wir ganz wild und laut, gut dass wir ein Haus für uns allein haben! Wenn die jecken 30 Minuten dann vorbei sind, kuscheln wir und sind zufrieden und die Menschen dürfen dann wieder aufräumen. Wer 2 Dackel hat, hat keine Langeweile, sage ich immer!

Silvester haben wir gut verbracht, ich vielleicht weniger. Monika und Jens waren mit uns zu Hause und wollten uns den Krach nicht zumuten bei einer Fete woanders. Sie ließen dann auch eine Rakete so gegen 22 Uhr los um zu sehen wie wir das finden und ich fand es nicht prickelnd. Eigentlich mehr das zischen, als das knallen. Ich bliebe dann immer ganz nah bei Fraule, denn bei ihr kann mir sicher nichts passieren, manchmal auch auf dem Arm. Als das neue Jahr begann durften wir, wenn wir wollten auf die Terrasse. Ich schaute mir zögerlich das Gezische an und war froh, als die Nacht rum war und Alles wieder normal.

Ich gebe ja zu, ich hätte in dieser Nacht gerne bei Monika im Bett geschlafen, leider durfte ich aber nicht. Babette ist da viel taffer, der macht das nichts aus, vielleicht ist sie ja auch schwerhörig habe ich mir gedacht, weil sie ja auch manchmal nicht so gut folgt???? (:-))))))

So jetzt bin ich müde, liebe Grüße und Hundeküsse

Deine Merle Merlingo

Babette Tagebuch
19.01.2008

Hallo Schweizer Mamas und Papa,
hier ist mal wieder eure Babette. Ich bin gut
ins neue Jahr gerutscht und fühle mich
dackelwohl.

Silvester hat mich nicht aus der Bahn
geworfen, der Krach und das Zischen macht
mir gar nichts aus, bin gar nicht leicht zu
erschrecken. Jetzt bin ich schon fast ein Jahr
alt und mitten in der Pubertät, welch Freude
für meine Dosenöffner.

Ach ja, Monika meint ich hätte nicht das feine
Stimmchen meiner Mama Mara geerbt, meine
Babystimme habe ich verloren und jetzt eher
die Tonlage einer Kreischsäge.

Wenn ich nur wüsste was das nun wieder
heißen soll? Ich muss mich doch bemerkbar
machen, wenn es mir langweilig ist und ich
keine Beute zum annagen finden kann. Da
solltet ihr mal sehen, wie die sich immer noch
erschrecken, selbst Merle fliegt dann vor
lauter Aufregung aus dem Korb, oder wo
auch immer sie gerade weilt.

Monika hat so manchen Schrei schon von

sich gegeben, oder was fallen gelassen, wenn ich mich angeschlichen habe und dann lautstark maulte, MIR IST LANGWEILIG!

Da kann ich dann Schleichkatze sein, wenn auch sonst eher nicht. Denn, wenn ich durch die Wohnung laufe macht es immer wumm, wumm, wumm, bei Merle taps, taps, taps. Das liegt daran weil ich meine Vorderpfoten wie ein Soldat oder Funkemariechen beim Marschieren nach vorn werfe wie halt ein Gardeoffizier. Meist habe ich auch noch einen waagrechten Sterz, bin schon wichtig, trotz jungem Alter, grins.

Die Pubertät hat so seine Tücken, jetzt muss ich doch ganz oft mit der Schleppleine laufen, weil ich immer ausbüxen will und außerdem die Fischzucht vor allen Eindringlingen verteidigen. Große Hunde habe ich im Moment besonders dick, die Kleinen finde ich teilweise nett und Hunde die ich gut kenne mag ich sowieso. Glaubt mir, ich kann Fremde richtig gut verbellen!! Meine Menschen hoffen, dass die Pubertät bald vorbei ist und ich so gelassen werde wie meine Mama Mara oder Merle. Ich habe mir sagen lassen, Merle war in der Pubertät auch so ein kleiner Rabauke und Krakeeler.

Ich habe auf der Försterhaus Website die

Bilder angeschaut und meine Geschwister erkannt, denke ich mal. Auf dem 4. Bild vom Zuchttreffen, das sind doch Cirby und Basta? Monika meinte, das ist ein Bild von Merle und mir. Gibt es bei Dackeln auch Zwillinge, denn ich kann auch so gut die Zähne zeigen wie Basta, wenn ich mit Merle tobe. Mit Merle durch die Wohnung toben ist sowieso eine Freude, wir jauchzen und bellen dann wie wild und stellen das Wohnzimmer auf den Kopf. Stapelteppiche und Stapeldecken gibt es dann. Oh wie begeistert schauen unsere Menschen, wenn wir mal wieder aufgeräumt haben.

Speziell ich bin da ganz erfinderisch, es bleibt fast nichts vor mir verborgen und ich mache fast jeden Tag Beute!!!!! (:-)))))) Gestern hatte ich die Moorwärmeflasche, 2 Tage alt, erwischt. Monika hatte sie auf dem Sofa liegen gelassen. Als Monika dann entdeckte, dass ich die Wärmflasche am bearbeiten bin war es schon zu spät, das Ding war hin. Gute Wertarbeit gibt es in Deutschland wohl keine mehr! Meine Schnauze war ganz schwarz vor lauter Moor und Monika hat sich erschreckt, von wegen wie sieht das Sofa aus, wie viel Moor hat die Kleine (so nennt man mich manchmal, obwohl ich größer bin wie Merle) verschlungen. Aber es sind schon alle Schäden wieder behoben, ich habe auch nichts gefressen, schmeckt nicht und keiner war so richtig böse auf mich.

Die Nackenhörnchen erwischen wir leider
nicht mehr, auf die passt Monika besonders
gut auf. Viel spielen wir auch mit unseren
Menschen, Merle will immer was geworfen
kriegen und ich liebe das Spiel am Mann.
Wenn ich ganz jeck bin will ich Monika oder
Jens in die Nase knibbeln, oh das ist fein,
wenn die dann winseln wie wir Dackel. Ihr
seht wir Dackel haben unsere Menschen fest
im Griff.

Außerdem gibt es ein neues Zauberwort für
uns Dackel, dann wollen wir raus und
stürmen beide in Richtung Haustür, auch aus
dem tiefsten Schlaf raus. Das Zauberwort ist
RATTEN. Und jeden Abend geht es dann auf
Rattenjagd.

Ich glaube aber manchmal, die Menschen
wollen uns nur bei jedem Wetter rauslocken,
dass wir unsere Geschäfte verrichten, aber das
ist egal, Ratten jagen macht uns Dackel
einfach höllischen Spaß. Wir haben auch so
manche erschnuffelt, gejagt und gekillt.

Wir stürmen mit Monika oder Jens am
anderen Ende der Leine durch die Anlage den
Spuren hinterher und haben es ganz arg
wichtig. Es ist eh schön in der Anlage

rumzuschnuffeln, strawanzen oder den Buben beim Fisch umsetzen oder anderen Arbeiten zuzuschauen. Mit Merle verstehe ich mich immer besser, wir werden bestimmt noch das absolute Dreamteam von den Forellenteichen.

So, jetzt ist die nächste Rattenrunde dran,

bis bald Babette die schöne Försterin
(oder auch Herrchens Liebling)

Babette auf Mäusejagd

Merle Tagebuch
29.01.2008

Hallo Romy Fraule,
liege unter Monikas Werkbank auf dem
weichen Futon an der Heizung, denn ich habe
mich vor Babette versteckt. Ich bin in der
Hitze und habe manchmal ganz gerne meine
Ruhe. Babette ist in der Pubertät und will
ganz viel toben. Monika gibt mir schon jetzt
meine Medizin, dass ich nicht wieder so heiße
Zitzen bekommen und meine Hormone nicht
so verrückt spielen. Ansonsten geht es mir
prima, ich führe ein schönes Dackelleben.

Monika und ich waren letzten Samstag mit
Jens und Babette in der Hundeschule. Monika
und ich machten einen großen Spaziergang
und Babette musste lernen, recht so, muss ich
ja auch. Wenn wir zur Zeit spazieren gehen
muss Babette des Öfteren (fast immer) an die
Schleppleine, da sie Monika gerne abhaut (sie
kommt immer wieder zurück, die ist einfach
nur übermütig) und wir 2 Tuppesse wieder
auf sie warten müssen. Man, da könnte ich sie
doch manchmal verwünschen. Aber wenn sie
dann wieder da ist, tollen wir wie verrückt
durch den Wald oder über die Wiesen.
Inzwischen mag Babette auch dem Stöckchen
oder Spielzeug hinterher rennen. Da flitzen

wir dann beide wie der Wind und klauen uns dann gegenseitig Stock oder Spielzeug. Meist bin ich natürlich die Schnellere, Babette zwickt mich dann vor Wut ganz gerne ins Fell wenn ich an ihr vorbei flitze , tut aber nicht weh!!!

Mit Bautz gehen wir zur Zeit viel spazieren, denn in den ist Babette ganz schön verschossen, so wie ich, als ich in Babettes Alter war. Fremde Hunde schaut sie sich erst genau an und ist vorsichtiger wie ich, was eigentlich auch gut ist. Sie hat halt leider in der Welpenspielgruppe in der früheren Hundeschule eine schlechte Erfahrung gemacht mit einem großen Welpen, der sie nicht in Ruhe gelassen hat.

Halsbänder muss Monika gerade im Dutzend kaufen, die werden von Babette und mir immer verkaut wenn wir sie erwischen. Aber dann ist richtig Stunk in der Bude, das finden unsere Dosenöffner nicht so prickelnd. Na ja, ich allein würde so was natürlich nicht machen, aber mit Babette macht das so richtig Spaß!!!
Monika hätte ganz gerne, dass ich (auch Babette) ein Höschen trage in der Zeit meiner Hitze, PUSTEKUCHEN sage ich nur! Wenn Sie schon mit dem schwarzen Teil ums Eck kommt verschwinden wir Dackel und

verstecken uns. Denn diese Hose ist hässlich, zwickt (eigentlich nicht, aber wir tun so) und ist einfach nur blöde! So schnell kann Fraule gar nicht schauen, haben wir das Teil wieder runtergepflückt. Ein Dackel trägt keine Hose, da sind wir uns dackeleinig.

Ab übermorgen ist absoluter Notstand in NRW, Karneval und wir und unsere Dosenöffner verstecken uns.

Doch eigentlich mehr Monika und Jens, denn die mögen den Karneval hier nicht, sind halt doch keine Einheimischen. Kommt uns Dackeln zugute, denn Monika hat am Donnerstag und Freitag je einen halben Tag und Montag ganz frei. Viel Spazieren gehen und fotografieren ist angesagt. Ich glaube Monika freut sich schon riesig drauf, wir Dackelmädchen natürlich auch!

Es ist schön mit Babette und wir haben uns sehr gern. Wir respektieren uns und teilen fast Alles miteinander. Manchmal meine ich noch meine Wurfspielzeuge mit Brummen zu verteidigen, aber ich habe gelernt nicht nur für mich zu spielen, sondern auch mit Babette. Dafür darf ich auch an Ihre Mäuselöcher und weiterbuddeln. Unser Rudel ist unschlagbar geworden,

Ganz Liebe Grüße und Hundeküsse, auch an Andreas

Deine Merle, mit der Dreamteam Partnerin Babette

Das Dreamteam,
Babette fast 1 Jahr und Merle 1 1/2 Jahre
im Februar 2008